beck ^Ische
reihe

W0040967

b^{sr}

„Straßenbahnen werden, wenn sie Eisenbahnen kreuzen, wie Straßen, wenn sie Straßen kreuzen, wie Eisenbahnen behandelt." Wem die rechtliche Bedeutung dieser Anordnung nicht sofort einleuchtet, der hat vielleicht um so mehr Spaß an Wilfried Ahrens' zweitem Streifzug durch die Stolperer und Ausrutscher gerichtlichen Schriftverkehrs. Ganz gleich, ob die „Bittstehler" Betrug und Diebstahl verwechselt oder „zapsarap" gemacht haben – nicht Straftat, Strafe, Rechtslage stehen hier im Mittelpunkt, sondern die erstaunlichsten und erheiterndsten Fehlschlüsse aus den Federn der Polizei, Anwaltschaft, des Gerichts und des streitbaren Bürgers selbst.

Wer nun wissen möchte, ob der „Zivivilsenat" frischen Wind in die Rechtsprechung gebracht hat, wann der „Aufstieg in den höheren Dienstag" möglich wird, wie die Justiz verlorenen „Wahlschweinen" nachgeht und bevorzugt bei landwirtschaftlichen Themen von der lyrischen Ader gepackt wird, der kann sich vom Autor in 21 Kapiteln durch Höhen und Tiefen menschlich-rechtlichen Sprachempfindens führen lassen.

Trotz seines ersten Bandes *Der Geschädigte liegt dem Vorgang bei. Die besten juristischen Stilblüten* (C.H.Beck [4]2003) ist Dr. Wilfried Ahrens immer noch Abteilungsleiter bei der Staatsanwaltschaft in Göttingen.

Wilfried Ahrens

Der Unfallort hat sich bereits entfernt

Neue juristische Stilblüten

Verlag C.H. Beck

Die erste Auflage dieses Buches erschien 2002.
2. Auflage. 2003

Originalausgabe

3. Auflage. 2005
© Verlag C.H. Beck oHG, München 2002
Gesamtherstellung: Druckerei C.H. Beck, Nördlingen
Umschlagabbildung: © Papan
Umschlagentwurf: +malsy, Bremen
Printed in Germany
ISBN 3 406 47591 4

www.beck.de

Inhalt

Vorwort

„Der Kasus macht mich lachen." Es war Goethe, der diese
Worte einst seinem Faust in den Mund legte.

Mir ergeht es (als Oberstaatsanwalt) häufig nicht anders,
obwohl natürlich auch ein Sachverhalt mit Lachgehalt regelmäßig als ernster, mitunter gar tragischer oder trauriger Fall
daherkommt. Das unfreiwillig Komische jedoch hat mich schon
immer gereizt – und es vor der Vergänglichkeit des Augen-
blicks zu bewahren ebenfalls. Das ist wohl die Basis für das
Entstehen einer Sammelleidenschaft für Stilblüten – diese dem
grauen (Akten-)Alltag abgerungenen, gleichsam vom Leben
erzeugten Früchte des Humors, die in meinen Augen weit
wertvoller erscheinen als so manch gezielter Kalauer.

Daß ich mit dieser Bewertung keineswegs alleine dastehe,
hat mir die freundliche Aufnahme meines ersten Stilblüten-
buches gezeigt. Dem vielstimmig geäußerten Wunsch nach
einem Folgeband mochte ich mich da nicht verschließen. So
ließe sich das wohl gespreizt ausdrücken; die schlichte Wahrheit ist, daß es mir eine diebische Freude bereitet hat, dieses
Buch für Sie zu arrangieren. Vielleicht springt ja der eine oder
andere Funke über.

Themen aus dem Kernbereich der Justiz bilden – wen wun-
dert's – einen Schwerpunkt, also etwa „Gerichte", „Staatsanwälte" oder „Knast", Institutionen, gegen die beim letzten Mal
noch nicht genug vorlag, um ihnen eigene Kapitel zu widmen.
Daneben finden Sie Altvertrautes wie „Polizei", „Ladendiebstahl" und „Verkehr". Auch der tierische Spaß kommt nicht
zu kurz.

Namen wurden generell gemieden und dort, wo eine Nennung sinnvoll erschien, natürlich geändert. Die Erwähnung
von Originalnamen beruht auf dem Einverständnis ihrer Trä-

ger, nur der Hund Fedor wurde nicht befragt, was im geschilderten Fall jedoch allen Ernstes beabsichtigt war.

Wieder wäre das Ganze nicht möglich gewesen ohne die durch Humor geschärfte Aufmerksamkeit von Freunden, Kollegen und Mitarbeitern, die so manche Zutat beisteuerten, wofür ich allen von Herzen danke. Vor allem aus dem staatsanwaltlichen und gerichtlichen Bereich, aber auch aus Kreisen der Anwaltschaft, Bewährungs- und Jugendgerichtshilfe erreichte mich frohe Botschaft.

Mein ganz besonderer Dank gilt dabei meinem Kollegen Hartwig Negendank von der Staatsanwaltschaft Lübeck, wie ich ein passionierter Jäger juristischer Stilblüten und Kuriositäten, der mich jedoch völlig selbstlos in seiner Sammlung wildern ließ, was der Vielfalt des Manuskripts sehr zugute kam.

Danken möchte ich schließlich auch dem Verlag C.H.Beck, der hier unerschrocken mit mir in eine zweite Runde geht, und nicht zuletzt meinem geschätzten Lektor, Dr. Raimund Bezold, vor allem für seine Nachsicht gegenüber meiner bisweilen wohl etwas drastischen Ironie.

Wilfried Ahrens

1. Allerlei

Bevor wir uns so gewichtigen Themen wie „Polizei", „Staatsanwälte" oder „Knast" zuwenden wollen, möchte ich Ihnen hier zunächst etwas zur Einstimmung anbieten.

Das Zauberwort „Millenium" verursachte beim Durst der Bürger vielerorts eine Sogwirkung, die so manche Silvesterparty aus dem Ruder laufen ließ.
Ein Zeuge:

Für zwei junge Männer endete die Feier allerdings doch noch im grünen Bereich: sie wurden in einem Polizeiauto abtransportiert.

Daß psychologische Schutzmechanismen und Verjährungsfristen nicht immer harmonieren, wird in einschlägigen Kreisen als gesetzgeberische Fehlleistung empfunden.

Ich gebe diesen vor 4 Jahren begangenen Diebstahl zu, bitte aber um milde Bestrafung, weil ich die Tat bereits vergessen hatte.

In einer Gesellschaft, die ihre Polizeibeamten gern als Ordnungshüter bezeichnet, darf sich niemand wundern, wenn störende Faktoren besonders konsequent erfaßt werden.
Aus einem polizeilichen Durchsuchungsbericht:

Das Zimmer wurde in einem chaotischen Zustand vorgefunden. Der Spannbettbezug des Bettes war mit Brandlöchern übersät. Die darunter befindlichen Matratzen ebenfalls ange-

sengt. Neben dem Bett wurde eine Dose mit Ascorbinsäure vorgefunden, und dann lag in dem Zimmer noch ein Schreiben des Leitenden Oberstaatsanwalts.

Fälle vor Gericht gleichen sich nie wie ein Ei dem anderen, eineiige Zwillinge dagegen in der Regel schon. So war in einer Hauptverhandlung der Verdacht entstanden, es könnte statt des Angeklagten dessen Zwillingsbruder erschienen sein. Geschickte Fragen aus dem persönlichen Bereich brachten die Wahrheit an den Tag, und der falsche Angeklagte gestand:

Ja, ich bin für meinen Bruder gekommen. Bitte, verstehen Sie doch, Herr Richter, mein Bruder hat gerade erst eine neue Arbeitsstelle gefunden. Wie hätte das ausgesehen, wenn er wegen dieser Sache gleich wieder gefehlt hätte?

Um künftige Verwechslungen auszuschließen, mußten die Zwillinge zur neuen Hauptverhandlung komplett erscheinen.

Bereits Mitte der sechziger Jahre ereignete sich dieser nicht minder verbürgte Fall.

Bei einer Kirmesschlägerei hatten mehrere Beteiligte denselben Familiennamen – sagen wir Schulze. Im Ermittlungsvorgang war unter anderem die Rede von einem Heinrich und einem Heini Schulze. Der Staatsanwalt wollte nun von der Polizei wissen, ob er es hier mit einer oder zwei Personen zu tun hatte, konkret formuliert, „ob es sich um verschiedene Personen handelt oder ob Heinrich und Heini Schulze miteinander identisch sind".

Die Antwort der Polizei:
Bei Heinrich und Heini Schulze handelt es sich um verschiedene Personen. Ob sie im übrigen miteinander identisch sind, ist hier nicht bekannt, zuzutrauen wäre es ihnen aber.

Nicht nur aus dem Tierrcich sind Unterwerfungsgesten bekannt.

Abdul ließ den Aschenbecher fallen, und ich nahm meinen Stuhl wieder vom Gesicht weg.

Im Formblatt einer Grenzschutzstelle über die „Zurückschiebung eines Ausländers gem. § 18 Abs. 2 AuslG" fand sich folgendes Unwort:

Der Schübling wurde zwecks Überstellung übergeben.

Dazu verrät mir mein Duden, „Schübling" sei ein im süddeutschen und schweizerischen Sprachraum gebräuchlicher Ausdruck für eine leicht geräucherte, lange Wurst. Das aber war den Verfassern des Formblattes offenbar Wurscht.

In meiner Tageszeitung las ich eines Morgens:

Wird der nichteheliche Lebenspartner einer geschiedenen Frau durch einen von ihrem ehemaligen Gatten gedungenen Mörder getötet, so steht ihr keine Witwenrente nach dem Opferentschädigungsgesetz zu, da eine solche Hinterbliebenenrente Unterhaltsansprüche ersetzen soll, Partner einer nichtehelichen Lebensgemeinschaft einander aber nicht zum Unterhalt verpflichtet sind (Bundessozialgericht, B9 VG 5/98R).

So weit, so gut. Was nur stutzig machte, war die Tatsache, daß dies unter der Überschrift

SENIOREN-TIPP

abgedruckt war. Da die geschilderte Konstellation wohl kaum als alltäglich gelten darf, stellte sich die Frage, welche Anregung den Senioren hier überhaupt vermittelt werden sollte. War es wirklich nur der Appell an Ex-Ehegatten, ihre bohrenden Rachegelüste einem irgendwie gearteten nachehelichen Fürsorge- und Pflichtgefühl zu opfern, oder wollte man etwa

tatsächlich und allen Ernstes die Phantasie der Verschmähten beflügeln, wollte ihnen Wege aufzeigen hin zu doppelter Genugtuung …?
Mich überkam ein Gruseln.

Wer, ob Senior oder nicht, in dieser Richtung Absichten hegt, dazu vielleicht auch besonders befähigt erscheint, weil er eine ausgewiesene Kapazität auf dem Gebiet der Hochspannungstechnik ist und sogar für Gerichte als Sachverständiger (SV) tätig wird, der sollte verschwiegen wie ein Grab zu Werke gehen, sich vor allem nicht in Telefonaten mit der Justiz verplappern.

Aktenvermerk:

V

Telef. SV Dr. ▓▓▓▓▓▓▓
um Sachstandsmitteilung gebeten.
Er bittet um Geduld, da er
Vorbereitungen für einen Todesfall
tätigt.

[1 3. Aug. 1998

Spruch meines Repetitors. Ein Fall aus dem öffentlichen Recht.

Die Urne ist hier längst bestattet, da kommen die Angehörigen und wollen plötzlich eine Verlegung auf einen anderen Friedhof. Aber die Friedhofsverwaltung lehnt ab und sagt: „Wir sind alte Skatbrüder – was liegt, das liegt."

Gewissermaßen zu den Urnen gerufen wurde in dieser Öffentlichen Bekanntmachung:

Gemäß § 14 der Friedhofsatzung werden mit sofortiger Wirkung die nachfolgenden Grabstätten auf den Stadtteilfriedhöfen zwecks Wiederbelebung öffentlich aufgerufen: ...

Ein Mann, der immerhin 12 Kinder stolz sein eigen nannte, worunter man gemeinhin ja wohl leibliche Kinder zu verstehen hat, schrieb als Berufsbezeichnung in ein Formular:

körperverhinderter Vatter

Von leiblichen Gefahren der Schwangerschaft:

Falls eine schwangere Angestellte, deren ungeborenes Kind auf die Blase drückt, von einem plötzlich auftretenden Harndrang überrascht wird, keine Gelegenheit hat, die Toilette aufzusuchen und sich deshalb auf ein Waschbecken im Büro zum Urinieren setzt, dieses abbricht und sie sich hierbei erheblich verletzt, kann trotz ihres ungewöhnlichen, keineswegs gefahrlosen Verhaltens eine zum Ausschluß der Gehaltsfortzahlung führende verschuldete Arbeitsunfähigkeit nicht angenommen werden, zumal ein Mensch in einer derartigen Situation zu sonst naheliegenden Überlegungen (hier: Gebrauch eines vorhandenen Aufwascheimers) regelmäßig nicht imstande ist.
(Landesarbeitsgerichts Hamm, Az. 2 Sa 142/76)

Aber auch ohne derartige Zwischenfälle führen völlig normal verlaufende Schwangerschaften eines Tages, wie jeder weiß, aufgrund der gesetzlichen Schutzfristen zum Ruhen der Arbeit. Schon bemerkenswert, wenn eine Staatsanwaltschaft den Eintritt dieses natürlichen Umstandes bei einer schwangeren Referendarin dem zuständigen Oberlandesgericht mit dem ausdrücklichen Formularhinweis meldet, die Dienst-/Arbeits-

13

unfähigkeit sei nicht durch einen Unfall verursacht, um sich dann noch zu dem Zusatz zu versteigen:

Drittverschulden liegt nicht vor.

Ob man manche Mitarbeiterin dann jemals wiedersieht, ist noch die Frage.
Aus der Verfügung eines OLG-Präsidenten:

Gemäß § 50 Abs. 1 BAT gewähre ich der Justizangestellten über den 21. Oktober 1997 hinaus bis einschließlich 31. Dezember 2000 Jahre Sonderurlaub ohne Bezüge.

Widmungen sind auch in wissenschaftlichen Werken der Jurisprudenz nicht völlig unüblich. Mit der Widmung

Meiner lieben Frau

soll wahrscheinlich der Dank für Entbehrungen zum Ausdruck gebracht werden, die der Forschungseifer des Gatten der Gemahlin abverlangt hatte. Nun soll es Fälle geben, in denen parallel dazu eine Geliebte mitleiden mußte, ohne daß wenigstens eine adäquate, sie ebenfalls einbeziehende Widmung denkbar wäre.
Keine Probleme hatte da ein Autorenduo, dem ich zwar nichts unterstellen will, das aber immerhin als Widmung wählte:

Unseren lieben Frauen

Nicht selten legt der Trieb zur Selbstbegünstigung einem Mittäter Schuldzuweisungen in den Mund.

Unser Funkstreifenwagen wurde um 11.05 Uhr zu einem Fall von Erregung öffentlichen Ärgernisses gerufen.
Nach Zeugenaussagen soll der Ewald X von der Hanna Y auf dem Gehweg oral befriedigt worden sein. Gewaltanwendung hätten die Zeugen nicht gesehen.

14

X steht leicht unter Alkoholeinwirkung. Er gibt an, die Y zu kennen. Sie habe „angefangen".

In einem verwandten Fall konnten sogar verdächtige Spuren registriert werden.

Bei Herrn S. bemerkten wir in seinem Genitalbereich den Lippenstiftabdruck eines Mundes, da er zu dieser Zeit noch unbekleidet war.

Mit dem Schengener Durchführungsübereinkommen wurde im europäischen Raum die internationale Rechtshilfe in Strafsachen stark vereinfacht, wobei insbesondere die beschleunigende Möglichkeit direkter Kontaktaufnahmen überzeugte.
Mitteilung des Justizministeriums:

Nach den Feststellungen der Staatsanwaltschaft Stuttgart handelt es sich bei der in der „Notiz der niederländischen Delegation" der Arbeitsgruppe III von Schengen genannten Telefax-Nummer der Staatsanwaltschaft Utrecht in Wahrheit um die Telefax-Nummer des Zentralmuseums in Utrecht.

Und noch eine Berichtigung, hier im Gemeinsamen Ministerialblatt für Nordrhein-Westfalen:

In der Bekanntmachung unseres Rundschreibens vom 18. 9. 1980 (GMBl. Nr. 28 Seite 473) muß es in Abschnitt I Tz 1.5 Buchstabe a) dritte Textzeile statt „einen Anspruch auf Kindergeld erheblich ist, nicht richtig" richtig heißen „einen Anspruch auf Kindergeld erheblich ist, nicht, nicht richtig".

Im letzten Buch war an dieser Stelle die Rede von einem Polizeikommissar Reuber. Über diesen Göttinger Polizeibeamten mit Sinn für Humor läßt sich noch eine nette kleine Geschichte erzählen, die ich Ihnen nicht vorenthalten möchte.

Bevor Dieter Reuber in den Polizeidienst eintrat, arbeitete er bei einem Geldinstitut und mußte übrigens damals mit dem Spitznamen „Sparkassen-Reuber" leben. Eines Tages nun hatte eine Kollegin versehentlich und unbemerkt den stillen Alarm zur Polizei ausgelöst. Routinemäßig ruft die Polizei dann zunächst zurück, um einen Fehlalarm auszuschließen. Ahnungslos nahm Herr Reuber den Hörer ab und meldete sich – na, wie wohl? – mit „Reuber". Er hörte nur noch, wie am anderen Ende hastig aufgelegt wurde; kurz darauf stürmten Polizisten mit Maschinenpistolen in die Schalterhalle.

Und von dem ebenfalls bereits erwähnten Rechtsanwalt Dr. Mörder wäre zu berichten, daß in der Freiburger Sozietät auch seine Tochter, Susanne Mörder, praktiziert, so daß die Kanzlei auch schon mal als „Doppelmörder-Büro" bezeichnet wird.

Das Mitwirken von Sponsoren beobachtet man inzwischen auch bei der Erfüllung öffentlicher Aufgaben. Noch allerdings ist die Justiz frei von diesem Phänomen, obwohl sich ihre Bedürftigkeit angesichts gekürzter Haushaltsmittel, Wiederbesetzungssperren und dergleichen Unbill kaum noch kaschieren läßt. Der Tag jedoch, an dem die erste Bandenwerbung eine Richterbank ziert, sich sachliches Robenschwarz durch knallige Firmenlogos belebt oder gar neue, privat finanzierte Gefängnisse mit sonnigen Südzellen locken, dieser Tag ist wohl noch fern.

Als vor Jahren einmal gewisse Teile der hessischen Justiz den Versuch wagten, die Idee mit frischem Wind und vor allem Atem zu etablieren, fiel das Konzept, auf dem Niveau drittklassiger Schleichwerbung, indes derart zaghaft, ja geradezu verschämt aus, daß der potentielle Sponsor sich frustriert und unwiderruflich abgewandt haben soll.

**Oberlandesgericht Frankfurt am Main
Zivivilsenate in Darmstadt**
Julius-Reiber-Straße 15
Telefon: (0 61 51) 12–1
Telex: 615 171 2 stada · Telefax: (0 61 51) 71 04 97
Konten der Gerichtskasse Darmstadt:
PGiroKto: Ffm 24 00–603 (BLZ 508 100 60)
LZB Darmstadt 50 801 504 (BLZ 508 000 00)
Postanschrift: OLG Ffm Zivilsenate · Postfach · 6100 Darmstadt 11

Zum Schluß vielleicht noch eine Warnung.
Die angesichts knapper Ressourcen fast schon modische Forderung nach Vereinfachung und Verschlankung von Staat und
Verwaltung sollte althergebrachte Prinzipien wie Genauigkeit
und Klarheit staatlichen Handelns absolut unangetastet lassen.
Aber ich denke, das ist selbstverständlich und muß nicht
zweimal betont werden.

*Betr.: Festsetzung von Gebühren für die Benutzung des Müll-
platzes in der Gemeinde Hattorf am Harz aufgrund der
Satzung der Samtgemeinde Hattorf am Harz über die
Benutzung des Müllplatzes in der Gemeinde Hattorf am
Harz in Verbindung mit der Gebührenordnung der
Samtgemeinde Hattorf am Harz für die Benutzung des
Müllplatzes in der Gemeinde Hattorf am Harz*

*Gem. § 8 Abs. 2 der Satzung der Samtgemeinde Hattorf am
Harz über die Benutzung des Müllplatzes in der Gemeinde
Hattorf am Harz in Verbindung mit § 1 Abs. 2 und § 3 der
Gebührenordnung der Samtgemeinde Hattorf am Harz für die
Benutzung des Müllplatzes in der Gemeinde Hattorf am
Harz …*

und so weiter und so weiter …

2. Der schreibende Bürger

Wenn sich der „einfache Bürger" direkt an „die da oben", also beispielsweise an ein Justizministerium, wendet, können das Erahnen von Zuständigkeitsstrukturen sowie geschliffene Formulierungen niemals schaden.

Ich hoffe, daß Sie die Angelegenheit in eine für mich positive Entscheidungsfindung zu delegieren vermögen.

Auch hochgestellten Persönlichkeiten sollte man mit unverkrampftem Ton begegnen.

Sehr geehrter Herr Justizminister,
ich kann es mir nicht verkneifen, Ihnen von einem kleinen Problem mit Ihrer Justiz zu berichten.
...
Mein Rechtsanwalt hat Haftaufschub aus gesundheitlichen Gründen beantragt (Leib und Leben in Gefahr).
Es ist ja nun auch die Wahrheit, der Blutdruck ist ohne Haft schon doppelt so hoch wie er sein soll, mit Haft wird er bestimmt nicht niedriger!

Nur mit dem Nachweis ist das so eine Sache.

Wir haben vor einigen Tagen Beschwerde gegen die Ablehnung des Haftaufschubs eingelegt. Das Attest meines Hausarztes sei nicht genug. Ich rief den Internisten an und bat um einen Termin, um ein Attest zu bekommen. Der Internist meinte, er habe einen Bericht an den Hausarzt geschrieben und eine Kopie an den Rechtsanwalt. Dieses ist aber mit Sicherheit wieder nicht ausreichend und kein echtes Attest. Schreibt der Hausarzt ein neues aus, erkennt man es wieder nicht an, denn der ist ja kein Internist...

Den Eingriffsmöglichkeiten der Staatsanwaltschaft wird manchmal eine erstaunliche, wenn nicht gar erschreckende Reichweite zugetraut.

Jemand hatte seine Mutter wegen eines langjährigen Sozialamtsbetruges angezeigt und beendete seinen Brief mit diesem

P. S.
Eine solche „Mutter" möchte ich nicht haben und beantrage beschleunigtes Verfahren.

Anstatt sich selbst der Mühe einer schriftlichen Anzeigenerstattung zu unterziehen, kann der Bürger sich vertrauensvoll an seine Polizei wenden. Die schreibt dann für ihn.

Polizeilicher Vermerk:

Kurz nach Beginn der Anzeigenaufnahmen schaute Herr A. zur Uhr (10.50 Uhr) und fragte, ob wir denn bis 11.00 Uhr fertig würden, da er noch einen Termin hätte.
Um kurz nach 11.00 Uhr waren wir fertig und Herr A. las die Vernehmung.
Für seine Verhältnisse beinhaltete die Sachverhaltsschilderung zu viele Rechtschreibfehler und stilistische Unkorrektheiten, was er auf die Tatsache zurückführte, daß er Lehrer und somit etwas anspruchsvoller sei: „Ja, vom Tatbestand her stimmt es, aber ich kann ja nichts unterschreiben, was nicht fehlerfrei ist! ..."
Wegen seines Termines sehr ungehalten, beschloß Herr A. den Sachverhalt lieber zu Hause noch einmal selbst zu schreiben und ihn dann auf der Wache abzugeben.

Brief an die Staatsanwaltschaft:

Ich muß 110 DM bezahlen. Ich habe die Bankverbindung nicht. Bitte schicken Sie mir ein Formular, damit ich das Geld überweißen kann.

Von derartigem Vorhaben ist abzuraten, gibt es doch den Straftatbestand der Geldwäsche.

Iudex non calculat, sagte der Lateiner zwar, der Richter rechnet nicht. Mit heutiger Justizrealität hat dies jedoch nichts mehr gemein, und mit klugem Kopf betreibt die Justiz ihre Kunst des Rechnens.

Vielleicht prüfen Sie den Fall mal genauer! Einen Taschenrechner spende ich sowohl dem Amtsgericht als auch der Staatsanwaltschaft.

Taktvolle Zurückhaltung dagegen in dieser durch einen Rechtsanwalt eingelegten Beschwerde:

Zu den Gründen des Einstellungsbescheides wollen wir uns aus Respekt vor der Institution der Staatsanwaltschaft als solcher nicht äußern. – Wir verweisen stattdessen auf die Ausführungen unserer Mandantin in unserem Schriftsatz vom ...

Geradezu verwöhnt von so viel Schonung, wird man in die Lage versetzt, Briefe wie die folgenden mit ruhiger Wimper zu lesen. Diesmal wieder der schreibende Bürger:

Beschwerde wegen Einstellung des Ermittlungsverfahrens und Strafantrag gegen den in diesem Fall zuständigen Herrn Oberstaatsanwalt.
Die Ausführungen des Herrn Oberstaatsanwaltes im obigen Schreiben:
(Zitat) „Ich habe Ihre übersandte Strafanzeige geprüft. Sie enthält keine zureichenden Anhaltspunkte für strafbares Verhalten des Beschuldigten." (Zitatende) zeugen von großer Faulheit bei dem Herrn Oberstaatsanwalt.
Die im Zitat wörtlich wiedergegebenen „Anhaltspunkte" stellen keine nachprüfbare Begründung dar. Durch die Nichtbe-

gründung der Einstellung begeht der Herr Oberstaatsanwalt eine vorsätzliche Strafvereitelung.
Dieses würde nur dann nicht zutreffen, wenn der Herr Oberstaatsanwalt von seinen Vorgesetzten genötigt sein sollte, dies zu schreiben.

Bewies der letzte Satz doch wenigstens Einsicht in nicht vorhandene Sachzwänge, so überwiegt jetzt die persönliche Note:

Sehr verachtenswerter Staatsanwalt Dr. X!
Vielen Dank für Ihr Schreiben, in dem Sie mir nicht besser Ihre nationalfaschistische und verschrobene menschenrechtsverachtende Gesinnung dokumentieren konnten.
…
Ich möchte Sie deshalb nochmals bitten, Ihr Pamphlet auf Sachlichkeit zu überprüfen und ordnungsgemäß Ihre Arbeit zu machen.
Da Sie mit Dr. unterschrieben haben, erwarte ich gerade von Ihnen intellektuelle geistige Tätigkeit im Sinne der Gerechtigkeit, die ich in Ihrem Schreiben in keinster Weise erkennen kann.

Aber immerhin:

Mit freundlichem Gruß

Manchmal werden wenigstens realistische Alternativen aufgezeigt.

Sollten Sie nicht anders Ihre Ermittlungen durchführen können, so sollten Sie Ihren Beruf wechseln. Unsere Gemeinde sucht einen Gärtner, ich könnte Sie vermitteln.

Regelrechte Anhänglichkeit entwickeln dagegen andere und wollen sogar aus Geld- und Wissensnöten helfen.
Übersetzung aus dem Türkischen:

Sehr geehrter Herr Richter,

ich grüße Sie, küsse Ihre Hände und wünsche Ihnen Gesundheit und Glück. Herr Richter, hier gibt es ein Problem. Sowohl draußen als auch hier machen sich die Freunde darüber lustig, daß ich verrückt bin. Sie sagen ständig, daß die Welt rund ist. Herr Richter, nun mal Hand aufs Herz, kann die Welt denn rund sein? Wenn die Welt rund wäre, würde sie ja davon rollen, wir würden kopfüber hinunter fallen und die Meere würden auslaufen. Also glauben Sie es auf keinen Fall, wenn man Ihnen auch sagt, die Welt wäre rund. Man macht sich dann auch über Sie lustig. Herr Richter, die Welt ist viereckig.

Ich habe diesen Brief geschrieben, um Sie hierüber zu informieren. Ich bin nicht verrückt oder so was, sondern nur etwas krank. Falls es auch in Zukunft etwas geben sollte, worauf ich Sie aufmerksam machen soll, so werde ich Sie anschreiben.

Ich liebe Euch alle sehr. Ich grüße Sie und Ihre anderen Richterkollegen und küsse Eure Hände. Dankeschön.

PS:

Seit zwei Wochen war mein Geld nicht gekommen. Jetzt ist es gekommen. Darüber freue ich mich und sage es Ihnen, damit Sie sich keine Gedanken machen müssen. Falls Sie Geld benötigen sollten, zögern Sie nicht, ich kann Ihnen etwas leihen, ich vertraue Ihnen.

In einer an die Generalstaatsanwaltschaft gerichteten Beschwerdeschrift, die eingangs aus gutem Grund die exakte Uhrzeit nennt, ging es ab Seite 38 langsam in die Schlußrunde.

Дозвиджэня Господин Генэрал Штаатсанвэлт. =

Das ist russisch und heißt: Auf Wiedersehen, Herr Generalstaatsanwalt!

Alle guten Wünsche für Sie, Herr Generalstaatsanwalt, recht viel Erfolg im Beruf. Mögen Sie, Herr Generalstaatsanwalt, in diesem Ihrem Leben ein sehr, sehr glücklicher Mann werden.

Übrigens: es ist jetzt 7 Uhr und 52 Minuten auf meiner Quelle-Digital-Armbanduhr der Marke Meister-Anker, welche es exklusiv nur bei Quelle gibt. Ich trage meine Quelle-Armbanduhr schon seit vielen, vielen Jahren. Sie hat mich nur ganze 7,50 DM gekostet! Mein Mann trägt die Ergänzung dazu. Zwei Uhren im Partnerlook für zusammen ganze 15,– DM. Welch eine Quelle-Leistung! Nicht wahr, Herr Generalstaatsanwalt?

Jetzt können Sie, Herr Generalstaatsanwalt, nachprüfen, wie schnell ich heute früh geschrieben habe! Ich finde, eine beachtliche Leistung! Nicht wahr, Herr Generalstaatsanwalt? Besonders für eine Frau, welche man hier im Ort für geisteskrank hält!

Eine Bürgerin empfahl, bezogen auf bestimmte Angehörige des öffentlichen Dienstes:

Ich schlage vor, daß diese Personenkreise sich mehr mit Bier- und Weintrinken beschäftigen. Da sind sie sicherlich Spitze.

Es wird eben immer wieder über mangelnde

Kompetenz

bei den staatlichen Stellen geklagt.

Aber sind es nicht oft diese völlig überzogenen Forderungen und Erwartungen, die überhaupt erst vermeintliches Versagen produzieren?

Hier zum Beispiel stürzte elterliche Sorge um das kindliche Wohlergehen die an sich gutwilligen Mitarbeiter einer Stadtkämmerei in Ratlosigkeit und die absolute Grauzone des Leistbaren.

Im Auftrag unseres Sohnes übersenden wir Ihnen die Einzugs-
ermächtigung. Gleichzeitig teilen wir Ihnen mit, daß unser
Sohn seit dem 3. März 1998 geschieden ist. Sie wollen dies bitte
ändern.

Bei einer Firma waren vertrauliche Produktinformationen an
die Konkurrenz gelangt. Die Geschäftsleitung hegte denn auch
einen ganz konkreten Verdacht.

In der Firma war allen bekannt, daß X erhebliche Probleme
mit der Rechtschreibung hatte. Insbesondere war es X nie ge-
lungen, das Wort „Rhododendron" auch nur ein einziges Mal
richtig zu schreiben.
Gerade der Rechtschreibfehler des Wortes „Rhododendron"
findet sich aber in den von der Kripo beschlagnahmten Rezep-
turen wieder.

Ein anonymer Anzeigeerstatter, allem Anschein nach ein Deutscher, erzielte ein herrliches Tor in eigener Spielhälfte, als er
über Asylbewerber aus einem bestimmten Land behauptete:

Meiste von ihnen haben sehr niedrige
Bildstufe und kommen aus tiefsten
Dörfern.

Durch manch ärztliches Rezept gestählt, zählten zumindest
früher Apotheker zu den Großmeistern im Entziffern eigen-
williger Handschriften. Aber auch Staatsanwälte und Richter
haben häufig nicht minder harte Nüsse zu knacken, wenn es
gilt, handschriftlichen Angaben von Beschuldigten oder Zeugen einen Sinn zu geben.

der schwarze Wagen Twingo stant miten
Auf der Strase - Erlist liehte durch
luf ihrer Nas gebumst Ehrs Slehter
reale Ich gesehen das Ein Unfall
utah.

Obwohl auch hier ein deutscher Verfasser verantwortlich zeichnete, werden Sie eine kleine Übertragungshilfe wohl kaum zurückweisen:

Der schwarze Wagen Twingo stand mitten auf der Straße. Er ließ Auto durch. Auf einmal hat es gebumst. Erst später habe ich gesehen, daß ein Unfall war.

Und die, die schriftlich gewissermaßen lieber völlig schweigen? Der Anteil der Analphabeten in der Bevölkerung soll erstaunlich groß sein, jedenfalls vermutet man eine erhebliche Dunkelziffer. So etwas zuzugeben ist für die Betroffenen halt peinlich und erniedrigend. Deshalb wird die Schwäche meist kaschiert.

Polizeilicher Vermerk:
Herr X unterschreibt grundsätzlich mit seinem Vornamen – Paul – in Druckbuchstaben, da er jedesmal seine Brille vergessen hat.

Ein Bürger, der ausdrücklich für sich in Anspruch nahm, ihm falle die Auslegung eines jeden Textes besonders leicht, lieferte diese beeindruckende Probe seines Könnens ab:

Die Anwendung des § 133 BGB (Auslegung einer Willenserklärung) auf den Inhalt des Schreibens erlaubte es mir, den „wahren Willen" dieses Schreibens zu erforschen.
Die wesentlichen Kennzeichen des Inhalts des Schreibens sind:
1) der Fall, oder im Falle, eines Wunsches;

2) die notarielle Beglaubigung dieses Wunsches, der dadurch
   zum Willen wird, dem nach Eintritt des Falles Handlungen
   folgen sollen;
3) die Handlungen, die nach Eintritt des Falles folgen sollen,
   selbst;
4) die Begünstigten der Handlungen, die nach dem Fall folgen
   werden.
Im gewöhnlichen Sprachgebrauch bezeichnet man diesen
Rechtskomplex mit:

– Testament –

Von keinem Nichtjuristen kann jedoch derartige Interpretationskunst auch nur ansatzweise erwartet werden. Es ist deshalb an sich nicht erforderlich, eigens um Nachsicht für Unsicherheiten auf juristischem Terrain zu bitten.

Es mag zutreffen, daß der Unterzeichner die Form und den
Inhalt des Vortrages nicht immer in der juristisch korrekten
Form aus wissensdefizitären Gründen zu formulieren in der
Lage ist. Hier ist uns, als „Naturalpartei", wie uns unsere Berater informieren, jedoch Nachlaß eingeräumt. Insofern wird
um gelegentliche Formulierungstoleranz gebeten.

Aber selbst wenn man der Justiz als Laie mit juristischer Argumentation kommt, garantiert dies keineswegs automatisch Wohlwollen. So beschied die Generalstaatsanwaltschaft einen Beschwerdeführer:

Der angefochtene Einstellungsbescheid entspricht in jeder Hinsicht der Sach- und Rechtslage.
Die Vielzahl Ihrer an eine Klausurbearbeitung erinnernden
Strafanzeigen läßt vermuten, daß Sie sich um eine juristische
Ausbildung bemüht haben. Der Spitzfindigkeit Ihrer Argumentation fehlt jedoch der angemessene Realitätsbezug. Die
Staatsanwaltschaft hat daher zu Recht davon abgesehen, Ihr
Vorbringen im einzelnen zu widerlegen.

Und hier noch ein wohlmeinender Rat von selbiger Stelle:

Ich erbitte Ihr Verständnis für die Empfehlung, daß Sie sich von dem Gedanken an eine strafrechtliche Genugtuung lösen sollten, um sich weitere Enttäuschungen zu ersparen.

3. Formulierungen höheren Ortes

Nachdem wir uns im letzten Kapitel amüsiert und mokiert haben über mehr oder weniger elegante Formulierungen des sogenannten einfachen (manchmal ja auch nicht ganz so einfachen) Bürgers, möchte ich jetzt zum Ausgleich einige Äußerungen und Wendungen bringen, die aus Sicht des Bürgers (und erst recht aus der Warte tiefster Dörfer) gleichsam höheren Ortes verbrochen wurden.

Da hätten wir zum Beispiel diesen Betreff aus dem Erlaß eines Justizministeriums:

Zulassung zum Aufstieg in den höheren Dienstag
Dienstbesprechung am 23.4.2001 im MJ

Auch muß ich einfach jene Bemerkung zitieren, die auf einer Tagung immerhin beamtetem Ministerialmund entschlüpft ist. Damals wurden die Zuhörer gebeten, doch

in jedem Fall im Einzelfall jedenfalls

dies und jenes zu bedenken, was ich mir als getreuer Staatsdiener selbstverständlich sofort wörtlich so mitgeschrieben habe.

Was die Einschätzung sprachlicher Fähigkeiten von Juristen anbelangt, begegnet man ohnehin in jüngerer Zeit einer vielleicht berechtigten Skepsis. So war in der Einladung einer Generalstaatsanwaltschaft an ihre nachgeordneten Behörden folgendes zu lesen:

Ich würde mich freuen, wenn diese Tagung Ihr Interesse fände, und lade dazu herzlich einen Vertreter oder eine Vertreterin Ihrer Behörde ein.
Tagungssprachen sind deutsch und englisch, für (Simultan-) Übersetzungen in die jeweils andere der beiden Sprachen wird Sorge

getragen. Der/die von Ihnen benannte Teilnehmer(in) sollte deshalb zumindest eine der beiden Sprachen gut beherrschen.

Damit die Staatsanwälte das viele bedruckte Papier, das ihnen Ministerium und Generalität so ins Haus schicken, trotz hoher Arbeitslast überhaupt noch zur Kenntnis nehmen, läßt man sich da oben inzwischen etwas einfallen.

Offenbar den Umstand nutzend, daß sich für manche Zeitgenossen am gewissen Örtchen eine Lektüre als förderlich und geradezu unverzichtbar erweist, formulierte eine Generalstaatsanwaltschaft:

Sehr lesenswert zu den Neuregelungen ist der vorbezeichnete Aufsatz, den ich zur Geschäftserleichterung beigefügt habe.

Mitte der neunziger Jahre entschloß sich ein Justizminister, die Entscheidung über Anträge nach dem Bundesreisekostengesetz bestimmten Gerichten und Behörden seines Landes zu übertragen. Im Erlaß hieß es:

Für die Bescheidung der Anträge gebe ich folgende Hinweise: Aus den eingereichten Antragsunterlagen soll sich regelmäßig ergeben, in welcher Gaststätte, Restaurant, pp. die Kosten für den Verzehr entstanden sind. Namentlich soll die dem Antrag beigefügte Rechnung den Verzehr im einzelnen erkennen lassen. Pauschale Formulierungen wie etwa „An Speisen und Getränken…" oder „An Verkehr…" sollen grundsätzlich nicht anerkannt werden.

Bleibt nur zu hoffen, daß wenigstens der Innenminister die Dinge für seine im Rotlichtmilieu eingesetzten verdeckten Ermittler etwas großzügiger handhabt.

Aber anscheinend ist auch der Justizminister bereit, nicht alles so furchtbar ernst zu nehmen, erwartet er doch die Vorlage bestimmter Aufstellungen in dieser Angelegenheit ausgerechnet jeweils zum 1. April.

Wenn eine Staatsanwaltschaft ihrem Justizministerium etwas mitteilen möchte oder muß, wie zum Beispiel die Anklageerhebung in einem Fall mit Medienwirkung, so schreibt sie nicht einfach einen netten Brief, nein, so etwas geht nur in Form eines der in der Praxis so heißgeliebten Berichte.

Warum heißgeliebt? Nun, diesen Bericht hat zunächst einmal der Dezernent als Entwurf zu verfassen, den dann die Abteilungsleitung mitprüft und die Behördenleitung schließlich zeichnet (also nicht abmalt, sondern unterschreibt). Bis es aber soweit ist, wird noch an so manchem Satz gefeilt, kann so manche Formulierung ins Wanken geraten, bis vom Entwurf am Ende vielleicht nicht mehr allzu viel erkennbar übrig bleibt. Die stilistischen Anforderungen sind angesichts des Adressaten offenbar turmhoch.

So wird besagte Anklage beispielsweise nicht etwa übersandt, sie wird „überreicht" – geradezu als beschäftige die Staatsanwaltschaft als „Kavallerie der Justiz", wie sie zuweilen auch genannt wird, immer noch reitende Boten.

Wie diese Anklageschrift nun aber zu „überreichen" ist, ob „anliegend" oder „in der Anlage", dazu könnten die Meinungen zwar auseinandergehen, eine Diskussion darüber soll jedoch in einer Behörde einmal alles andere als gestelzt, vielmehr drastisch und recht volksnah mit dem Hinweis beendet worden sein:

In der Anlage pinkeln die Hunde.

Aber sie pinkeln eben nicht nur.

8. Abkoten eines Hundes auf Spielwiese
StGB § 326 I Nr. 1, IV

> **Wer auf einer Spiel- und Liegewiese einen Hund abkoten läßt und den Kot nicht beseitigt, macht sich wegen umweltgefährdender Abfallbeseitigung strafbar.**

AG Düsseldorf, Urt. v. 11. 8. 1989 – 301 OWi/ 911 Js 1269/89

Alles klar? Die Nichtbeseitigung ist eine Beseitigung.

Was im 12. Kapitel als ironisches Stilelement zum Zuge kommen wird, war hier für einen Abteilungsleiter bei einer Staatsanwaltschaft noch Ende der achtziger Jahre (!) todernster Umgangston mit seinem Chef, dem Leitenden Oberstaatsanwalt.

Herrn LOStA:
Ergebene Anfrage: Behalten Sie sich die Zeichnung der Antwort vor?

Ausriß aus der Neuen Zeitschrift für Strafrecht (NStZ 2000, 536). Auf gar rätselhafte Weise wurde hier ein Zusammenhang zwischen einer politischen Partei und einem Urteil des Bundesgerichtshofs hergestellt.

> **satzanspruchen allein genügt nicht. Der Täter muss einen über die rechnerische Kompensation hinausgehenden Beitrag erbringen. (Ls d. Schriftltg.)**
>
> *BGH, Urt. v. 18. 11. 1999 – 4 StR 435/99 (LG Schwerin)*
> *(Abgedruckt mit Sachverhalt und Grünen in NStZ 2000, 205)*

In einem Fachaufsatz lobte ein Autor eine Änderung im Verwaltungsverfahrensgesetz und machte auf eine ungeahnte Nachsicht des Gesetzgebers aufmerksam (Ronellenfitsch in NVwZ 1999, 587):

Wichtig ist insbesondere der neue § 45 II VwVfG, wonach Verfahrens- und Formfehler bis zum Abschluß eines verwaltungsgerichtlichen Verfahrens – also nach dem eindeutigen Wortlaut – auch noch in der Revisionsinstanz nachgeholt werden können.

Lassen wir zum Schluß noch den juristischen Nachwuchs mit einigen Zitaten aus Hausarbeiten zum zweiten juristischen Staatsexamen zu Wort kommen.

Auf frischer Tat verfolgt bedeutet, daß der Täter, der sich bereits entfernt hat vom Tatort, als Täter der frischen Tat aufgrund konkreter Anhaltspunkte erscheint und unmittelbar nach der Tat zum Zwecke der Strafverfolgung verfolgt wird.

Denn wenn ein sachverständig dazu befragter Mediziner bei einem überhaupt keine Fremdstoffe aufweisenden Untersuchungsergebnis sogar eine Einnahme von 1–2 Tabletten für möglich hält, dann muß man einfach davon ausgehen dürfen, daß die Angabe einer Einnahme von 5–6 Tabletten der Unwahrheit entspricht.

Daher kann der Beschuldigte auch mit seiner Einlassung das Eintreten eines Vermögensnachteils nicht ausräumen.

Ich denke mal, völlig verfehlt wäre die Sorge, daß wir künftig nichts mehr zu lachen haben.

4. Eisenbahn

Unser Gesetzgeber arbeitet gern mit Fiktionen. Das ist manchmal eine gute Sache. So bestimmt beispielsweise § 53 des Bundeszentralregistergesetzes, daß Verurteilte sich trotz einer Vorbelastung noch als unbestraft bezeichnen dürfen und auch den Sachverhalt, der dieser Verurteilung zugrunde lag, nicht zu offenbaren brauchen, wenn die Verurteilung nicht in ein Führungszeugnis aufzunehmen ist. Der Bürger darf hier also ungestraft lügen. Ich glaube, das versteht er.

Ob sich ihm aber auch sonst so alles erschließt, was die Vertreter des Volkes für ihn verabschieden?

Für einen Juristen, der mit Fiktionen wie selbstverständlich umzugehen gelernt hat, ist vielleicht heilsam, sich hin und wieder in die Lage eines Laien zu versetzen. Dafür eignet sich das Eisenbahnkreuzungsgesetz von 1971 (Bundesgesetzblatt I 337) besonders gut. Dort heißt es in § 1:

> *(3) Eisenbahnen im Sinne dieses Gesetzes sind die Eisenbahnen, die dem öffentlichen Verkehr dienen, sowie die Eisenbahnen, die nicht dem öffentlichen Verkehr dienen, wenn die Betriebsmittel auf Eisenbahnen des öffentlichen Verkehrs übergehen können (Anschlußbahnen), und ferner die den Anschlußbahnen gleichgestellten Eisenbahnen.*
>
> *(5) Straßenbahnen, die nicht im Verkehrsraum einer öffentlichen Straße liegen, werden, wenn sie Eisenbahnen kreuzen, wie Straßen, wenn sie Straßen kreuzen, wie Eisenbahnen behandelt.*

Da kann man leicht aufs falsche Gleis geraten.

Stellt sich eigentlich nur noch die Frage: Was ist eine Eisenbahn? Könnten Sie das in einem Satz definieren? Das Reichsgericht konnte, und zwar gleich zweimal in ein und derselben Entscheidung aus dem Jahr 1879 (RG Z 1, 247).
Zuerst die kurze, auch versierten Juristen zumeist unbekannte Definition:

Sprachlich bedeutet Eisenbahn ganz allgemein eine Bahn von Eisen zwecks Bewegung von Gegenständen auf derselben.

Wörtlich genommen und wunderbar formuliert, wer wollte dem widersprechen? Aber weil das vielleicht doch etwas zu simpel klang, folgte gleich die Langversion, die den Begriff Eisenbahn, so wie wir es heute auch tun, komplexer verstand. Danach sei eine Eisenbahn

ein Unternehmen, gerichtet auf wiederholte Fortbewegung von Personen oder Sachen über nicht ganz unbedeutende Raumstrecken auf metallener Grundlage, welche durch ihre Konsistenz, Konstruktion und Glätte den Transport großer Gewichtsmassen bzw. die Erzielung einer verhältnismäßig bedeutenden Schnelligkeit der Transportbewegung zu ermöglichen bestimmt ist und durch diese Eigenart in Verbindung mit den außerdem zur Erzeugung der Transportbewegung benutzten Naturkräften (Dampf, Elektrizität, tierischer oder menschlicher Muskeltätigkeit, bei geneigter Ebene der Bahn auch schon der eigenen Schwere der Transportgefäße und deren Ladung etc.) bei dem Betriebe des Unternehmens auf derselben eine verhältnismäßig gewaltige (je nach den Umständen nur in bezweckter Weise nützliche oder auch Menschenleben vernichtende und menschliche Gesundheit verletzende) Wirkung zu erzeugen fähig ist.

Eine Recherche übrigens, für die das alte Repetitorwort galt: „Anschließend Hände waschen, Leute, das Buch ist schon etwas staubig."

Von der Gefährlichkeit der Eisenbahn konnte sich hier eine Autofahrerin überzeugen, als sie trotz Rotlichts einen unbeschrankten Bahnübergang passieren wollte, worauf sie prompt in Zugzwang geriet: ein Regionalexpress hatte sie erfaßt. Während die Bahn rund 3000,– DM Schadensersatz für Reparaturen forderte, gab's am buchstäblich stark mitgenommenen Pkw nichts mehr zu retten.

Wegen gefährlichen Eingriffs in den Bahnverkehr sollte die unverletzt gebliebene Fahrerin eine Geldstrafe zahlen.

Hiermit möchte ich ein Gnadengesuch beantragen. Es ist ein Wunder Gottes, daß ich noch lebe. Der Unfall kam zustande, weil ich kein Rotlicht gesehen habe und mein Auto mitten auf den Gleisen ausging. Sogleich wurde ich vom Zug mitgerissen.

Warum gibt es immer noch unbeschrankte Bahnübergänge? Es wird so viel Geld ausgegeben für alles mögliche, zum Beispiel für das Überleben vieler Tiere. Aber wer schützt uns Menschen vor der Deutschen Bahn?

Ich bitte Sie nochmals meine finanzielle Lage zu überdenken. Ich habe wirklich schon alles Materielle gegeben, was ich hatte. Ich habe nichts mehr. Bitte vergleichen Sie auch, wie groß und reich die Deutsche Bahn ist im Vergleich zu mir mit dem winzigen Golf. Die Deutsche Bahn AG steckt den Schaden locker weg und denkt schon gar nicht mehr an diesen Tag. Ich aber habe immer noch daran zu arbeiten, um mich finanziell wieder zu erholen.

Wo bleibt hier Recht und Gerechtigkeit? Gott ist unser Richter. Und er sagt in Amos 8. 4–12, daß wir den Armen nicht treten und den Elenden im Land nicht vernichten sollen. Wir sollen den Gerechten nicht für Geld und den Armen nicht für ein paar Schuhe ausbeuten (Amos 2. 4–8). Wir sollen den Rechtsweg der Elenden nicht beugen.

Ich möchte Sie deshalb ganz höflich bitten, mich zu begnadigen.

Die Staatsanwaltschaft kannte jedoch keine Gnade. Aus Sicht der Verurteilten gewiß ein unschöner Zug, aber solchen zu begegnen, war sie ja inzwischen fast schon gewohnt.

Aus einem Vermerk der Staatsanwaltschaft:

Die dort tätigen Sozialarbeiterinnen kümmern sich um miß-handelte, aus der Bahn geworfene Frauen.

Und zum Schluß sei hier noch rasch das Geheimnis wirkungs-voller Ge- und Verbote gelüftet: möglichst knapp, eindeutig und doch verständlich müssen sie formuliert sein, wollen sie ernst genommen werden.

In der Halle eines kleinen Bahnhofs im Südharz, inzwischen längst der Streckenstillegung zum Opfer gefallen, hat mich früher immer wieder aufs neue ein Schild beeindruckt, auf dem zu lesen stand:

Toilette in der Bahnhofsgaststätte. Wenn Gaststätte geschlossen, auf dem Bahnsteig.

Aber ich denke, für wen es höchste Eisenbahn wird (vgl. dazu schon im 1. Kapitel), der nimmt auch solche Widrigkeiten in Kauf.

5. Polizei

Wenn die Polizei überraschend am Tatort auftaucht, suchen Übeltäter nicht selten ihr Heil im überstürzten Beseitigen von Beweismitteln. Da wird dann noch rasch das Heroin in der Toilette fortgespült, während die Drogenfahnder schon die Tür zur Dealerwohnung knacken, oder da spritzen die Teilnehmer einer illegalen Glücksspielrunde bei einer Razzia förmlich weg von ihren Plätzen und wischen noch die Karten vom Tisch.

Wie perfekt allerdings eine solche Spurenvernichtung gelingt, hängt nicht zuletzt von Größe und Handlichkeit des Tatwerkzeugs ab. Zu sperrig sollte es nicht sein.

Wir wurden als Funkstreifenwagenbesatzung zum Tatort entsandt. Eine Anruferin hatte mitgeteilt, ein Mann habe sich ihr in schamverletzender Weise gezeigt und stehe jetzt onanierend vor dem Schaufenster ihrer Bäckerei.

Wir konnten vor dem besagten Schaufenster den Mann feststellen, der eindeutig onanierte und dabei Blickkontakt zur Geschädigten im Inneren der Bäckerei suchte. Unauffällig näherten wir uns dem Mann, der uns erst bemerkte, als wir ca. 2 m neben ihm standen.

Als der Beschuldigte jetzt angesprochen wurde, versuchte er eiligst sein völlig entblößtes Glied in die Hose zu stecken, was offensichtlich mißlang. Das Glied ragte noch zur Hälfte aus der Hose raus.

Ein gewiefterer Täter hätte sich hier unter den Augen des Gesetzes womöglich etwas flexibler gezeigt und wäre in der Sache nicht so hart geblieben.

Über die Komplikationen, die jetzt in einem ähnlich gelagerten Fall eintraten, berichtete später ein Polizeibeamter vor Gericht. Im Hauptverhandlungsprotokoll heißt es:

Bei der weiteren Aktion fielen Äußerungen des Angeklagten. Er nannte die Worte „Wichser" und „Scheißbullen". Der Angeklagte war alkoholisiert. Er wollte den Clown raushängen lassen.

Der sich weit öffnende Trenchcoat ist das Klischee in diesem Deliktsbereich, es gibt aber durchaus noch hinterlistigere Überfälle.

Polizeilicher Vermerk:
Gegen 15.00 Uhr teilte eine Verkäuferin des Modegeschäftes fernmündlich mit, daß soeben ein unbekannter Mann den Laden betreten habe, der eine Damenunterhose kaufen wollte. Als die vorgelegten Unterhosen ihm zu klein erschienen, verlangte er, ein Kleid anzuprobieren. Er machte die Bemerkung, daß er ein Kleid für Karneval haben möchte. Er zog ein Kleid in der Umkleidekabine an und verlangte nun außerhalb der Kabine von der Verkäuferin, daß sie ihm das Kleid kürzer stekken solle, was diese auch befolgte. Er verlangte mehrfach, das Kleid noch kürzer umzustecken. Nachdem sie das Kleid weiter umgesteckt hatte, guckte das entblößte GT des Mannes unter dem Kleid hervor. Die Verkäuferin war derart erschrocken, daß sie den Mann nicht weiterbediente. Der Mann zog sich in der Kabine wieder um und verließ den Laden, ohne etwas gekauft zu haben.

Zwischen den Attributen widerlich und unwiderstehlich wissen Exhibitionisten, wenn sie sich die Blöße geben, sehr wohl zu unterscheiden.
Aus dem Bericht einer Gerichtshelferin in einem einschlägigen Ermittlungsverfahren:

Herr E. erklärte bezüglich seines Fehlverhaltens, daß er den beiden Mädchen nichts habe antun wollen. Es sei ein schöner Sommertag gewesen, er habe einen schönen Song im Radio gehört, empfand die Mädels als außerordentlich hübsch, und alles weitere nahm schließlich seinen Lauf, so Herr E. Auch sei er nicht davon ausgegangen, daß sein Verhalten als unangenehm empfunden werden könne, da er sich schließlich vor Frauen kaum retten könne.

Auf meine Frage, wie dieses zu verstehen sei, erklärte Herr E., daß er selbst auch nicht in der Lage sei, die Situation zu erfassen; auf einmal wollten nahezu sämtliche Frauen etwas von ihm, dieses werde ihm jedoch allmählich zu viel. Auf meine Frage, ob er hier nicht möglicherweise einer Wahrnehmungstäuschung aufsitze, erklärte Herr E., daß vermutlich selbst ich ihm kaum widerstehen könnte, sofern er es hierauf anlegen würde.

Zurück zur Beseitigung von Beweismitteln. Bekannt ist auch das hastige Verschlucken von Rauschgift, also etwa von in Folie eingeschweißten Kokain- oder Heroinkügelchen, um polizeiliche Kontrollen ins Leere laufen zu lassen. Zuweilen wählen auch Drogenkuriere diese Transportmöglichkeit.

In solchen Fällen kann ein Richter unter Umständen die zwangsweise Verabreichung eines Brechmittels anordnen. Nicht gerade eine appetitliche Vorstellung. Ein darüber hinaus äußerst schmerzhafter Vorgang dürfte sein, wovon in einem anwaltlichen Schriftsatz die Rede war. Dort hatte man nämlich jemanden

eine Geldkassette erbrechen lassen.

Ganz ohne polizeilichen Druck, vielmehr völlig relaxt und mittels einer Wasserpfeife, war im folgenden Fall Rauschgift konsumiert worden, und zwar Haschisch. Doch dann hatte der junge Mann, bekifft wie er war, mit seinem Auto einen Verkehrsunfall pexiert.

Nach einigen Eskapaden – so hatte der Beschuldigte sich vor Ort entkleidet und nackt eine Unfallflucht zu Fuß versucht, später auf der Polizeiwache unterhielt er sich mit einer nicht existierenden Person – geschah im Anschluß an die Blutprobenentnahme dies:

Als der Beschuldigte bat, zur Toilette gehen zu dürfen, wurde ihm von POM Meier eine freiwillige Urinabnahme vorgeschlagen. Dieser wollte er nachkommen.
Der Beschuldigte nahm daraufhin einen Plastikbecher mit auf die Toilette. Als er diese verließ, wollte er den teilweise gefüllten Becher an POM Meier übergeben. Dieser lehnte jedoch die Annahme ab, da es sich um eine fast klare Flüssigkeit handelte. Auf den Vorhalt, es handele sich um Wasser, trank der Beschuldigte das Behältnis in einem Zug leer.

So ganz reinen Wein hatte der Beschuldigte denn also doch nicht einschenken wollen – bei einer nur *fast* klaren Flüssigkeit …

Rauchen, auch das ganz legale, ist zwar bekanntlich ungesund, aber offenbar ein probates Mittel der Deeskalation.
Die Polizei hatte einen prügelnden Familienvater zur Ausnüchterung mitgenommen.

Nach dem Alcotest wollte der Beschuldigte seine Schuhe, Gürtel usw. nicht abgeben. Er sagte, daß es dann, wenn wir ihm die Sachen abnehmen würden, eine Keilerei geben würde.
Nachdem ihm angeboten worden war, er dürfe noch eine Zigarette rauchen, erklärte er sich trotz weiterer Verärgerung bereit, die Sachen abzugeben. Hier zog er sich auch den Pullover aus und schmiß seine Schuhe in der Zelle herum.
Er gab nochmals in lautem Ton an, daß er doch nichts gemacht habe. Er hätte seine Frau nicht geschlagen. Er würde sich viel lieber mit uns schlagen. Anschließend ließ er sich problemlos einsperren.

Im Rahmen einer sogenannten erkennungsdienstlichen Behandlung dürfen Lichtbilder und Fingerabdrücke des Beschuldigten auch gegen seinen Willen aufgenommen werden (§ 81b StPO).

Ich wurde widerrechtlich mit Handschellen abgeführt. Die Polizei trug Schußwaffen. Sie haben mich genötigt, fotografiert und schwarze Hände gemacht. Die Zeit ist gekommen, da ich dies zur Anzeige bringen muß.

Jedes Beschuldigtenverhör beginnt mit einer Vernehmung zur Person.

Den Schulbesuch habe ich Ende April eingestellt, weil ich den Leistungen nicht gewachsen war.

Hierher gehört auch die Erfassung der wirtschaftlichen Verhältnisse. Zur Vorbereitung etwa eines Strafbefehlsantrages der Staatsanwaltschaft wird die Einkommenssituation des Beschuldigten durch die Polizei präzise erfragt.

Monatliches Nettoeinkommen zur Zeit der Tat: ca. 840,– DM, abzüglich 100,– DM Pfändungen, die schon abgezogen sind.

Dann folgt die Vernehmung zur Sache.

Ich habe die Aussage der Anzeigeerstatterin soeben flüchtig gelesen und komme zu dem Ergebnis, daß ich diese ungeheuerliche Anschuldigung in meinem Leben nicht zuordnen kann.

In Strafverfahren wird zuweilen, gerade von Verteidigerseite, beklagt, polizeiliche Vernehmungsprotokolle gäben regelmäßig nicht den wahren Wortlaut der Aussagen wieder; es bestünde die Gefahr, daß die Vernehmungsbeamten bei der Umsetzung des Gehörten zu viele Eigenformulierungen einfließen ließen.

Ein Wortprotokoll dagegen ist nicht nur über solche Zweifel erhaben, es liest sich einfach auch kurzweiliger.

Ich elf Jahre in Deutschland. Ich noch nix gut deutsche Sprache sprechen und verstehen.

Meine Rechte ich jetzt verstanden.

Ich Bett nicht „zapsarap" (gestohlen). Vor drei Jahren mir deutsche Kollege gibt Bett und eine Schrank. Er schenkt mir. Deutsche Kollege ist mein Nachbar „Ulli". Ich genau weiß, er gibt mir vor drei Jahre diese Monat 18. Bett und Schrank.

Auf Frage: Deutsche Kollege neue Sachen kaufen, denn er gibt mir Bett und Schrank.

Vorhalt: X behauptet aber, daß dieses Bett ihm vor 3 Wochen vom Dachboden gestohlen worden ist.

Antwort: Ich weiß nicht. X schon immer diese Bett in meine Wohnung gesehen; ganze Familie weiß, daß ich Bett und Schrank diese „Ulli" gibt mir.

Frage: Warum sagt dann X, daß ihm das Bett gestohlen wurde?

Antwort: Ich weiß nicht. Er nicht gute Mensch.

Diese deutsche Kollege „Ulli" gibt mir Schreiben für Polizei, daß er mir geschenkt Bett vor 3 Jahren. Das ist Wahrheit. Ich lüge nix.

Auf Frage: Wenn diese „Ulli" gemacht „zapsarap", ich geben Bett zurück an X. Ich weiß nicht, daß ich gesagt zu X, daß Bett von Sperrmüll.

Vorhalt: X sagt bei der Polizei, daß Sie zu ihm gesagt haben sollen, Sie hätten das Bett von Y für 200,– DM gekauft.

Antwort: Nix, ehrlich nix. Ich geschenkt bekommen. Ich lüg nix. Was machen? Ich gesagt Wahrheit.

Außerhalb des Protokolls fragen viele Beschuldigte an dieser Stelle jetzt, was nun weiter geschehen wird, was vor allem für sie selbst auf dem Spiel steht.

Der Kopf bleibt dran, wurde mir einst als Student in einem Fall von grobem Unfug angedeutet (damals noch Übertretung, später Ordnungswidrigkeit, vgl. auch in Kap. 15). Offenbar sollte nur meinen schlimmsten Ahnungen die Spitze genommen werden.

Ob der Beschuldigte in unserem Fall ebenfalls noch Fragen auf dem Herzen hatte und mit welchen Worten er gegebenenfalls entlassen wurde, ob womöglich gar mit einem erlösenden „Nimm dein Bett und gehe heim", das alles muß mangels Klärung leider offen bleiben.

Ohne Hinweise aus der Bevölkerung ist eine wirklich gute Polizeiarbeit kaum denkbar. Von unschätzbarem Vorteil dürfte dabei sein, daß die Handybesitzer anscheinend immer jünger werden.

Durch die am Ort angetroffenen eingesetzten Beamten der Schutzpolizei wird angegeben, daß sie gegen 6.40 Uhr von dem aufgefundenen Säugling verständigt worden seien.

Nach unserer Rechtsordnung sind Kinder schuldunfähig. Erst mit Vollendung des 14. Lebensjahres wird ein Jugendlicher strafmündig und muß sich für Straftaten verantworten. Aus der polizeilichen Anhörung eines zur Tatzeit noch Dreizehnjährigen:

Als Kind bin ich schon wegen mehrerer Diebstähle in Erscheinung getreten. Ich kann versprechen, daß ich keine strafbare Handlung mehr begehen werde. Dieses Versprechen kann ich abgeben, weil mir bewußt ist, daß ich inzwischen strafmündig bin.

Wollen wir das Beste für ihn hoffen. Hier nun der Fall einer Fünfzehnjährigen. Auch sie leider längst kein unbeschriebenes Blatt mehr, wurde sie erneut bei einem dreisten Warenhausdiebstahl erwischt und zeigte sich gegenüber den einschreitenden Beamten alles andere als einsichtig. Bescheidenheit war ebenfalls nicht gerade ihre Zier bzw. ging ihr völlig ab.

Die Polizei schreibt:

Weitere Beschwerden ihrerseits bezogen sich auf das Rauchverbot im Polizeidienstgebäude, fehlendes Essen während ihres 90-minütigen Aufenthaltes im Polizeigewahrsam sowie unfreundliche Beamte.

Ein Oberstaatsanwalt schickte der Polizei zur Durchführung von Nachermittlungen die Akten wieder zurück. Ein gewisser Unmut wurde daran erkennbar, daß er seinen Fragen mit bis zu vier ???? Gewicht verleihen zu müssen glaubte.

Letzte Frage:

Was heißt „Fustkw" ??

Antwort:

Bei dem Begriff „Fustkw" handelt es sich um die ständig benutzte und bewährte Abkürzung für Funkstreifenkraftwagen.

Aktenkundiger Kommentar des Oberstaatsanwalts:

Wie zutreffend und peinlich zugleich!

So verbreitet und gebräuchlich, wie beteuert, ist der Begriff Fustkw jedoch keineswegs.
Hier ist nun ein Fustkw zu sehen:

Mit dieser Abbildung schmückt eine Polizeistation ihre Faxe. Pedanten haben allerdings behauptet, es seien ja nur die Bremsscheiben vorhanden, der Fustkw wirke wie aufgebockt und seiner Räder beraubt, womit die Polizeistation womöglich auf ihre leidvollen Erfahrungen mit der örtlichen Unterwelt aufmerksam machen wolle.

Wer diesen Eindruck nicht teilen mag, wird bei näherem Hinsehen immerhin zugeben müssen, daß die Ganoven zumindest das amtliche Kennzeichen stibitzt und selbst vor Autositzen und Lenkrad nicht haltgemacht haben.

Das Ganze ist vielleicht auch ein Plädoyer für die kürzere Bezeichnung „Funkstreifenwagen", denn von Kraft ist bei diesem Fustkw nicht viel zu spüren, wobei aber einzuräumen ist, daß es sich bei dem abgebildeten Polizeiauto offensichtlich um ein ausländisches Modell handelt.

Doch auch die Solidität deutscher Funkstreifenwagen läßt noch manchen Wunsch offen.

Aus einer Anklageschrift:
Die Täter schaukelten zur Untermauerung ihrer Forderung das Streifenfahrzeug, so daß den Beamten ein Einsteigen unmöglich war. Erst herbeigerufenen Unterstützungskräften gelang es, die jetzt bis zu 50 Täter zurückzudrängen, damit die beiden Zeugen mit ihrem Dienstfahrzeug, das von namentlich nicht ermittelten Tätern verbogen worden war, davonfahren konnten.

Jedes geduldige Erklären hat ein lohnendes Ziel: den einsichtigen Bürger.

Aus einem Polizeibericht:
Ich schrieb mir die Personalien des Herrn X, von dessen Bundespersonalausweis (BPA) abgelesen, in mein Notizbuch. Auf die Frage, ob die Anschrift im BPA noch richtig sei, meinte Herr X, daß dieses ja wohl im BPA stehen würde.

Ich erklärte ihm, daß man seinen Wohnsitz durchaus ändern könnte und dann, gesetzt den Fall, diesen nur von mir beispielsweise angegebenen Wohnsitzwechsel, falls man dieses noch nicht, aus welchen Gründen auch immer, nicht ordnungsgemäß beim Ordnungsamt gemeldet habe, nicht im BPA vermerkt sei.

Daraufhin antwortete Herr X wörtlich: „Du kommst dir wohl stark vor, weil du Uniformträger bist."

Auch wenn Polizeibeamte selbst Opfer von Straftaten werden, versetzt ihre Professionalität sie doch stets in die Lage, den Sachverhalt mit der gebotenen Distanz zu schildern.

Aus einer polizeilichen Strafanzeige wegen Beleidigung:

Während der Fahrt zur hiesigen Dienststelle drohte der Beschuldigte Polizeikommissar Müller und Unterzeichner mehrfach mit dem Vollzug des Geschlechtsaktes mit beider Mütter („Ich ficke deine Mutter") und bot außerdem beiden Beamten mehrmals den Oralverkehr an („Du kannst an meinem Schwanz lutschen").

6. Ladendiebstahl

Ein Delikt, das besonders häufig begangen wird, avanciert irgendwann zum Klassiker, jedenfalls in dieser Strafanzeige der Polizei.

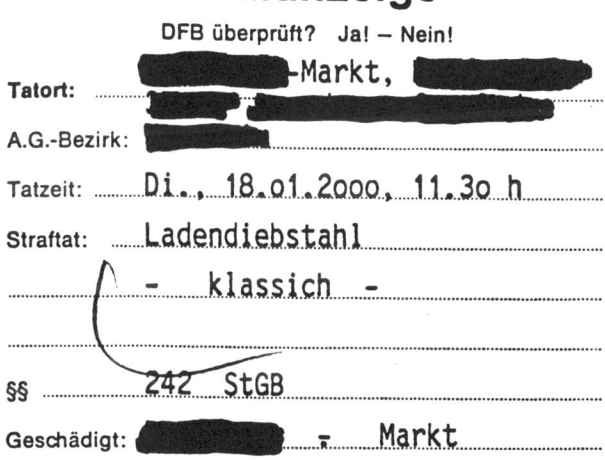

Strafanzeige

DFB überprüft?   Ja! — Nein!

Tatort: ████████-Markt, ████████

A.G.-Bezirk: ████████

Tatzeit: Di., 18.01.2000, 11.3o h

Straftat: Ladendiebstahl

    — klassich —

§§ 242 StGB

Geschädigt: ████████ - Markt

Wie gut, wenn andere schuld haben.

Da der Lagermeister mich sehr schleppend bedient hat, hatte ich Gelegenheit, die Tat zu begehen. Man kann sagen: „Gelegenheit macht Diebe". Habe 100,– DM Fangprämie bezahlt! Obwohl ich es nicht nötig hatte, diese kleine Tat zu begehen, habe ich es auch schon bereut, weil ich nicht so ein Typ bin. Ich bitte Sie, diese Sache zu beenden, damit ich nicht mehr daran denken muß. Vielen Dank im voraus.

Wirklich reuige Abkehr klingt dagegen hier durch, sogar feierliche.

An die Polizei und Staatsanwaltschaft,
nie wieder soll es vorkommen, daß ich irgendwo irgend etwas
mitnehme, ohne es bezahlt zu haben. Dieses habe ich meiner
Frau geschworen. Es ist nicht nur irgend ein Versprechen, son-
dern ein Gelübde.

Ein anderer schien allerdings das eheliche Standgericht mehr
zu fürchten als die gesetzlichen Folgen:

Ich mache so etwas nie wieder. Ich bitte um ein mildes Urteil.
Meine Frau darf es nicht wissen.

Wenn die Kaufhäuser abends ihre Pforten schließen, beginnt
für die Detektive der wohlverdiente Feierabend. Dennoch ruht
die Wachsamkeit nicht überall.
Aus der Strafanzeige eines Einkaufsmarktes:

Bei der Sichtung der Videobänder vom Vorabend wurde fest-
gestellt, daß der Beschuldigte sich während seiner Arbeitszeit
als Reinigungskraft am Regal der Kosmetikabteilung nach al-
len Seiten umsah. Kurz darauf nahm er aus der Auslage eine
Flasche After-shave. Der Beschuldigte sah sich erneut um und
fing an, sich das After-shave zuerst über die Haare, dann über
Kleidung, Rücken und wieder über die Haare zu kippen, da-
nach stellte er die leere Flasche ins Regal zurück.

Nun, wer sein Geld im Schweiße seines Angesichts verdient,
den mag auch einmal nach einer Erfrischung dürsten. Strafbar
sei das jedoch allemal, befand der Staatsanwalt:

Nach den Beobachtungen des Detektivs hat der Beschuldigte
das After-shave nicht etwa ausgegossen, sondern damit förm-
lich ein Ganzkörperbad veranstaltet. Auch wenn das nicht

ganz den bestimmungsgemäßen Gebrauch des Artikels dar-
stellte, so handelt es sich doch um eine Nutzung und damit um
einen Diebstahl, nicht lediglich um eine Sachbeschädigung.

Erst vor dem Hintergrund eines solchen Ereignisses wird vielleicht das nachfolgende Schreiben verständlich.

Behandlung in der psychosomatischen Abteilung des Fachkrankenhauses
▆▆▆▆▆▆▆▆▆

Sehr geehrter Herr ▆▆▆▆▆

am ▆▆▆.2000 nahmen Sie erstmals wieder Kontakt auf und nannten uns Ihre aktuelle
Adresse. Zur Klärung , ob die nötigen Voraussetzungen für eine Aufnahme noch vorliegen,
bitte ich Sie zu einem Vorgespräch am ▆▆▆.2000, 8.00 Uhr, bei mir. Bitte erscheinen Sie
unparfümiert.

Mit freundlichen Grüßen

Der klingende Name des Edeldüftchens Coco Chanel wurde
übrigens einmal in einem Strafbefehl völlig verhunzt. Ergattert
hatte danach der Ladendieb ein Fläschchen

Coco Camel Nr. 5

Jede optimale Tatplanung beinhaltet selbstverständlich auch
eine sorgfältige Auswahl des Fluchtweges.

Als die zwei ausländischen Mitbürger das Geschäft verließen,
wurde das Fehlen des Handys im Schaukasten bemerkt. Drau-
ßen angesprochen, flüchteten sie sofort. Der Ladeninhaber und
ein Mitarbeiter liefen hinterher. Durch Passanten wurden sie
darauf aufmerksam gemacht, daß die beiden Personen auf den
Hof des Amtsgerichts gelaufen seien.
Als der Ladeninhaber dort eintraf, hatten die beiden Täter das
über drei Meter hohe Rolltor überwunden und befanden sich
jetzt auf dem Gefängnisinnenhof der Justizvollzugsanstalt. Die
Insassen der JVA, deren Fenster zu diesem Hof zeigen, konnten
beobachten, wie sich die beiden Personen in der hinteren Hof-

*ecke hinter Containern und Kartons aufhielten. Durch das
laute Gejohle der Insassen wurde ein Vollzugsbeamter auf die
Täter aufmerksam.*

*Im weiteren Verlauf konnten die Täter festgenommen und das
entwendete Handy in einem der Kartons gefunden werden.*

Mit der Gefängnismauer überstiegen die Täter sicherlich alle
Erwartungen. Wer hätte auch gedacht, daß sie so plötzlich mit
mehr als einem Bein im Knast stehen würden.

Ob dem Ladeninhaber bei der Verfolgungsjagd womöglich die
Puste knapp geworden ist, das wissen wir nicht. Auf jeden
Fall war sein Einsatz von Erfolg gekrönt, und in der Tat gibt es
Betroffene, die sich bis zur physischen Erschöpfung an eben
diese Hoffnung und den Täter klammern.

Aus einem Polizeibericht:

*Die Ehefrau des flüchtigen Beschuldigten hatte bereits vor un-
serem Eintreffen 2 tiefgefrorene Lammrückenstücke wieder an
die Marktleiterin ausgehändigt.*

*Zum Hergang befragt erklärte die Marktleiterin, wie sie die
Eheleute ins Büro gebeten hatte. Der Beschuldigte ging vor der
Marktleiterin, aber anstatt das Büro zu betreten, ergriff er die
Flucht und lief zum Ausgang. Die Marktleiterin setzte ihm
nach, hielt ihn an der Jacke fest und forderte ihn auf stehen-
zubleiben. Er blieb jedoch nicht stehen und zog so die Zeugin
bis auf den Parkplatz. Dort hatte sie keine weiteren Kräfte
mehr.*

Unter dem Massenphänomen Ladendiebstahl hat nicht nur
der Einzelhandel stark zu leiden, sondern wir im übrigen alle
mit, sind die Verluste doch Bestandteil der Preiskalkulation.
Allerdings läßt die Prinzipien-, ja, ich möchte sogar sagen
Rechtstreue mancher Ladendiebe wenigstens auf eine Scha-
densbegrenzung hoffen.

Die Nietnagelzange war mir zu teuer. Richtig ist, daß ich von einem billigeren Wagenheber das Preisschild genommen und auf die Nietnagelzange geklebt habe. So habe ich die Zange an der Kasse vorgelegt.

Wenn ich gewußt hätte, daß das ein Betrug ist, den ich begangen habe, hätte ich das bestimmt nicht gemacht. Ich dachte, es sei ein Diebstahl.

7. Von Kuh- und Pferdestärken

Aus einer Verkehrsunfallanzeige:

Herr A befuhr mit seinem Pkw die Kreisstraße. In Höhe km 7,5 kam plötzlich ein Rind aus dem rechten Straßengraben und wechselte über die Fahrbahn. Herr A versuchte noch zu bremsen, konnte aber einen Zusammenstoß nicht vermeiden. Das Rind prallte bei dem Zusammenstoß auf die Motorhaube und wurde ca. 10 m mitgenommen. Anschließend fiel es herunter, stand auf und lief in eine Wiese.

Strafrechtlich eindeutig ein Fall von Unfallflucht, keine Frage. Zivilrechtlich hingegen ließe sich die demolierte Motorhaube vielleicht mit Erkenntnissen des Amtsgerichts Köln in den Griff bekommen, das uns Mitte der achtziger Jahre hat wissen lassen (vgl. NJW 1986, 1266):

- *Auch wenn ein Brauereigaul am Straßenverkehr teilnimmt und nicht zu Hause wohnt, gehört er zu den Haustieren i.S. des § 833 S. 2 BGB.*
- *Beschädigt ein Brauereigaul durch Huftritt einen geparkten Pkw, hat sich damit die typische Tiergefahr i. S. § 833 BGB verwirklicht. Der Beweggrund des Tieres ist rechtlich ebenso unbeachtlich wie der Umstand, daß auch Menschen sich gelegentlich so zu verhalten pflegen.*

Da auch der zuständige Kutscher in den Kasus verwickelt war, sei auch dies noch kundgetan:

- *Ein Bierkutscher, der diensteifrig dem Gebräu der eigenen Brauerei zugesprochen hat, verstößt gegen § 316 StGB, wenn er in fahruntüchtigem Zustand das Pferdegespann führt. Die Fahrerlaubnis kann ihm allerdings nicht entzogen werden.*

– Ein „Führen" i. S. des § 316 StGB ist gegeben, wenn der Bierkutscher durch Zurufe (z. B. „Hüh" oder „Hott") auf die Gäule einwirkt. Dies gilt jedoch nicht für die Zurufe des Beikutschers.

Und noch ein Fall mit einem Rindvieh, genauer gesagt mit einer Kuh. Auch sie war eine Verbindung mit einem Pkw eingegangen, herbeigeführt allerdings von Menschenhand und gegen ihren entschiedenen Willen. Die Kuh war nämlich, in der Feldmark umherstreunend, von einem Pkw-Fahrer gesichtet und dann mittels einer Kuhkette ins Schlepptau genommen worden. So ging's auf die Suche nach dem bäuerlichen Herrchen. Irgendwann jedoch wurde es der Kuh zu bunt (sie selbst soll übrigens schwarzbunt gewesen sein), und die mit Huf und Horn vorgenommene Materialprüfung ging zulasten der Karosserie aus. Diesen Schaden einzuklagen, blieb zwar ein erfolgloses Unterfangen, das Amtsgericht Northeim, dem ich seit vielen Jahren dienstlich eng verbunden bin, hat indes die Entscheidungsgründe in bester Wilhelm-Busch-Manier in Versen abgefaßt und damit den uneigennützigen Kläger hoffentlich doch ein wenig entschädigen können (vgl. NJW 1996, 1144).

Wie man es auch dreht und windet,
die Klage, sie ist nicht begründet.

Zwar hat der Kläger, wie man sieht,
sich redlich um die Kuh bemüht.
Nun ist jedoch in dem Geschehen
nicht zu erkennen und zu sehen,
was der Jurist Geschäfte nennt,
die ohne Auftrag man auch kennt,
wenn sie geführt von fremder Hand,
Gefahr zu bannen, die bekannt
(§§ 677, 680 BGB).

Der Tatbestand läßt deutlich werden,
man macht sich selber oft Beschwerden.

Eine Kuh am Wegesrand,
wiederkäuend sich vergnügend,
sonntäglichen Frieden liebend,
wird vom Kläger hier verkannt.

Wo ist die Gefahr ersichtlich,
die der Kläger hier gerichtlich
festzustellen sich bemüht?
Ach, es ist ein altes Lied!

Die Polizei war informiert,
nur kurzfristig nicht orientiert,
sie hätte aber unumwunden
die Kuh am Wegesrand gefunden,
und Rat gewußt, wie man das Tier
befrieden kann im Felde hier.

Warum nun Pkw und Kette
warum des Schiebens große Müh?
Dabei gibt es doch ganz nette
Transportgeräte für das Vieh.

Die Kuh, vielleicht mit Namen Liese,
träumte noch von jener Wiese,
wo sie der Kläger aufgespürt,
nun fremdem Hofe zugeführt.

„So geht mein Herr nicht mit mir um"
macht deutlich sie dem Publikum,
das nun auf Landwirts Keeses Hofe
versammelt ist mit Knecht und Zofe.

Sie ist verschreckt, geschockt, verstört
und reagiert, sie ist empört.
Nur deshalb regt sich Kopf und Klaue,
die Kuh hat Angst, daß man sie haue.
Denn alles, was bisher geschehen,
es war nicht gut, es war nicht schön.

Wer kennt die Psyche einer Kuh,
wenn sie aus sonntäglicher Ruh'
auf einen fremden Hofe gebracht,
ja, wer kennt da des Rindviehs Macht.
Sie spürte, wie die fremden Stimmen
in ihr Kuhgemüt eindringen,
sie fürchtete nur um ihr Leben,
dies muß man doch der Kuh vergeben!

Deshalb die Tritte und das Weh'
am frischpolierten Pkw.
Der Kläger hätte nichts verbockt,
hätt' er die Kuh dort angepflockt,
am Wegesrand, am Wiesenrain,
des Nachmittags im Sonnenschein.

Sein Pkw in altem Glanz
wär' nicht verbeult, er wäre ganz.

Der Kläger hat, wie's oft passiert,
ein wenig überreagiert.

Er hat es sicher gut bedacht,
als er die Kuh ins Dorf gebracht.
Doch tat ihm dieses gar nichts nützen,
er bleibt jetzt auf dem Schaden sitzen
und muß, das bleibt auch ohne Fragen,
für diesen Fall die Kosten tragen
(§ 91 ZPO).

Der Kosten wegen, wie sich's frommt,
vorläufig die Vollstreckung kommt,
wenn der Beklagte seine Kosten
zusammenstellt als offne Posten.
Auch wenn's den Kläger nicht ergötzt,
geschrieben steht dies im Gesetz
(§ 708 Ziffer 1 ZPO).

Wie gediegen sich tatsächlich mit Rindvieh umgehen ließe, wird hier in einem anwaltlichen Schriftsatz aufgezeigt. Streitbefangen waren die Kosten für eine Leukoseuntersuchung, eine Forderung, die sich gewaschen hatte.

Die in Ansatz gebrachten Beträge werden bestritten. Ein Arbeitslohn für die Vorbereitung des Tierbestandes zur tierärztlichen Untersuchung ist mit Sicherheit nicht entstanden, auf gar keinen Fall 38 Arbeitsstunden für zwei Helfer. Dies wären nahezu 5 volle Arbeitstage für zwei Helfer, und dies bei 5 Rindern. Selbst wenn die Rinder vor der Blutentnahme gebadet und gefönt worden wären, ist ein derartiger Arbeitsaufwand nicht zu erklären.

Das war natürlich übertrieben, ging es doch bei den 38 Stunden keineswegs allein um Vorbereitungsarbeiten. Deshalb wurde der Vortrag des Klägers jetzt ernst genommen und konsequent zu Ende gedacht.

Eine Vorbereitungszeit zur Blutentnahme bei Rindern besteht überhaupt nicht. Bei 5 Blutabnahmen ist dies ein Aufwand von wenigen Minuten, nicht 5 Stunden. Woher die 33 Arbeitsstunden bei der Blutentnahme kommen sollen, ist nicht nachzuvollziehen. Wäre dies richtig, müßte der Tierarzt ja Tag und Nacht Blut entnommen haben, dann wären die Tiere mit Sicherheit tot.

8. Verkehr

Für den ständig wachsenden Verkehr werden auch immer mehr Straßen benötigt. Das Verhältnis von asphaltierter Fläche zu Landschaft scheint sich zu verkehren.

Aus einer polizeilichen Strafanzeige:

```
Tat:  Fahren ohne Fahrerlaubnis, Erlöschen der Betriebserlaubnis

§§ : 2,21 StVG, 18, 69a StVZO, 29 JHG,

Tatort        : ████ ████████
Straße        : ████████ Str.
Örtlichkeit   : öffentliches Straßenland
Tatzeit am/von : So   19.03.2000, 12:30 Uhr
          bis :                ,        Uhr
```

Angaben eines Beschuldigten:

Im Straßenverkehr bin ich bisher nicht in Erscheinung getreten.

Also offenbar ein lupenreiner Geister- und Schwarzfahrer.

Gerichtliche Forderung mit hygienischem Einschlag:

Es kann von jedem Kraftfahrzeugführer verlangt werden, daß er von Zeit zu Zeit sein hinteres Kennzeichen abwischt.

Ein Mofa mit Anhänger erregte nächtens die Aufmerksamkeit der Polizei. Es kam zur Verkehrskontrolle, und im Bericht hieß es:

Die Atemluft des Beschuldigten wies starken Alkoholgeruch auf. Seine Aussprache war sehr „lallend" und sein Gang nach dem Absteigen vom Fahrzeug schwankend. Meines Erachtens konnte er das Mofa nur aufrecht halten, weil es von dem Anhänger gehalten wurde.

Entsprechend auch die schriftliche Einlassung des Beschuldigten:

Ich bin betrunken gewesen und war meiner Tat nicht bewußt.

Gar nicht lustig, vielmehr Ausdruck rauher Realitäten, das, was er als Beruf eintrug:

jugendlicher Arbeitsloser.

Und noch eine nächtliche Verkehrskontrolle. Doch hier kann der Motorrollerfahrer der Polizei zunächst entwischen. Kurz darauf entdeckt sie auf einem Parkplatz eine Person, gekleidet wie der Fahrer, und in der Nähe den Motorroller. Der Mann bestreitet allerdings die Fahrt. Da er nach Alkohol riecht, wird er zur Blutprobe mit auf das Revier genommen. Über weitere Geschehnisse dort lesen wir:

Der Motorroller wurde beschlagnahmt, weil die Eigentumsverhältnisse nicht geklärt werden konnten. Vom Sitz des Motorrollers wurden Faserspuren mittels einer Klebefolie gesichert.
Als Vergleichsspur wurde die Hose des Beschuldigten im Original gesichert. Die Hose und die Faserspuren auf der Klebefolie sind dem Vorgang beigefügt.
Als der Beschuldigte aufgefordert wurde, seine Hose auszuziehen, um sie zu beschlagnahmen, hing ein Zündschlüssel aus seinem Slip heraus.
Auch dieser Schlüssel wurde beschlagnahmt; es handelt sich um den Zündschlüssel des Motorrollers.

Das wirklich Überraschende aber kommt erst jetzt.

Nach Abschluß der Maßnahmen wurde der Beschuldigte wieder entlassen.

Kein Wort etwa zu einer polizeilichen Turnhose oder dergleichen als Ersatz. Nun, das war wohl im Ergebnis auch vertretbar, hing doch aus dem Slip jedenfalls jetzt nichts mehr heraus.

In einer polizeilichen Strafanzeige wurde einem Mann unterlassene Hilfeleistung vorgeworfen:

Der Beschuldigte fuhr mit seinem Pkw an einer verletzten Person vorbei, ohne Hilfe zu leisten.

Vielleicht hat der Beschuldigte sich ja später darauf berufen, Hilfe sei doch sicher bereits von kompetenter Seite zur Stelle gewesen. Denn die Straße, an der sich das alles zugetragen hatte, hieß tatsächlich

Hilfe Gottes.

Polizeibeamte dagegen vermag eine solche Notsituation zu wahren Höchstleistungen anzuspornen.

Über Funk beorderten wir sofort einen Krankenwagen mit Notarzt. Zwischenzeitlich wurde der Verunglückte von uns ärztlich versorgt.

Es gibt aber Autofahrer, die in der Tat vor dem Problem stehen, überhaupt anhalten zu können.

Am 9. Januar befuhr ich mit dem Pkw meines Vaters die Bundesstraße. Da ich durch die tiefstehende Sonne sehr stark geblendet wurde, fuhr ich auf einen Kleinlaster auf, der vor einer Telefonzelle auf der Straße stand. Da extremes Glatteis herrschte, wurde ich durch das starke Bremsen noch schneller.

Die Polizei klingelte nachts einen Wohnungsinhaber heraus und machte dem schlaftrunkenen Mann klar, daß man soeben seinen Pkw aufgefunden habe – lichterloh brennend.

Nachdem ihm die Bedeutung des Verlustes bewußt geworden war, verfiel Herr A. glaubhaft in tiefe Trauer.

Diese Emotionen zu registrieren, war übrigens durchaus angezeigt, will doch stets auch die Möglichkeit eines selbst inszenierten Versicherungsbetruges bedacht sein.

Wenn ein schon 90jähriger Herr aufgrund bestimmter Umstände seinen Führerschein verlieren soll, so kann dies ebenfalls ein herber Verlust sein, zumal für jemanden, der früher auch in den Lüften zu Hause war.

Mein Pkw-Fahren ist heute ungebrochen wie vor 63 Jahren (Beweis: keine Unfälle oder Rambolagen), zumal die Verkehrsschilder dieselben geblieben sind.
Mein Führerschein ist mein Talisman und habe diesen beim Fliegen stets unter meinem Herzen getragen. Er hat mich dreimal vor dem Absturz gerettet. Der Führerschein bleibt bei mir und wird mit mir mal in meiner Grabstätte an meiner Seite ruhen!

Unfallflucht in ihrer radikalsten Form:

Als wir mit dem Funkstreifenwagen eintrafen, hatte sich der Unfallort bereits unerlaubt entfernt.

Wenn ein Unfallflüchtling Glück hat, schießt sich die Polizei allein auf sein böses Vehikel ein.

Das der Tat dringend verdächtige Fahrzeug wurde in Augenschein genommen. Sodann wurde vom angeschuldigten Pkw Vergleichsfarbe im Bereich der Anstoßstelle sichergestellt.

Daß der fahrbare Untersatz hier tatsächlich als schuldfähig eingestuft und im Besitz strafrechtlicher Reife gewähnt wurde, beweist der ihm von der Polizei bereits zugedachte Status. Nach der Definition des § 157 StPO versteht man nämlich unter einem Angeschuldigten jemanden, gegen den die öffentliche Klage erhoben ist.

Es ist bekanntlich wichtige Eigenschaft eines intakten Autos, daß es die Spur hält.

Aus einer polizeilichen Vernehmung:

Ich befuhr mit meinem Pkw die Autobahn auf der linken Schnellspur mit einer Geschwindigkeit von 120 km/h. Zu diesem Zeitpunkt war die Autobahn nicht dicht befahren. Vor mir fuhr kein Fahrzeug und hinter mir fuhr ein BMW. Dieser war schon längere Zeit dicht hinter mir und betätigte ständig die Lichthupe, damit ich nach rechts fahren sollte.
Ich verblieb aber trotz der Drängelei auf der linken Fahrspur. Irgendwann fuhr der BMW sehr dicht an die linke Leitplanke und wollte sich an meinem Pkw vorbei drängeln. Dabei kam es dann zu einem Anstoß an meinem Pkw, es wurde die Tür eingebeult, der Lack zerkratzt und der Spiegel umgeklappt.
Der BMW fuhr also links an mir vorbei, setzte dann in die rechte Fahrspur, schaltete das Warnblinklicht ein und hielt an. Da ich noch eine Geschwindigkeit von 120 km/h hatte, fuhr ich weiter und reagierte nicht.
Frage: War zum Zeitpunkt, als der BMW an Ihnen vorbei fahren wollte, die rechte Fahrspur befahren, oder warum reagierten Sie nicht und fuhren ständig links?
Antwort: Die rechte Fahrspur war zu diesem Zeitpunkt nicht befahren, und ich dachte, die linke Spur ist die Schnellspur und mit den erlaubten 120 km/h muß ich die linke Spur benutzen. Der BMW hätte doch auch rechts vorbei fahren können, das sieht man doch des öfteren.
Frage: Haben Sie einen Führerschein, und wenn ja, dann müßten Sie die Straßenverkehrsordnung kennen oder?
Antwort: Ich habe schon seit längerem einen Führerschein der Klasse 3. Ich war, wie gesagt, der Meinung, ich muß mit der gefahrenen Geschwindigkeit von 120 km/h die linke und nicht

die rechte Spur benutzen. Der andere hätte doch rechts über-
holen können.
Frage: Sie haben doch mit dem ständigen Linksfahren die
Ursache gesetzt, denn rechts zu überholen ist auf der Autobahn
verboten. Was meinen Sie dazu?
Antwort: Wenn Sie mir das so sagen.

Die Bundeswehr ist so mit ihrer ständigen Verteidigungsbereit-
schaft beschäftigt, daß wir ihr gern nachsehen wollen, wenn sie
sich im Einzelfall sogar wehrhaft gegen deutsche Rechtschreib-
regeln zeigt.

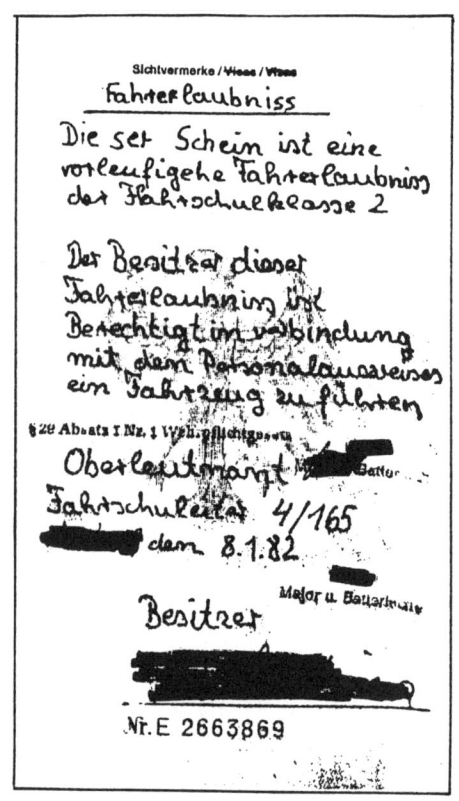

Hier die schriftliche Aussage eines Zeugen, dessen Erinnerungsfähigkeit nicht die beste ist, obwohl er bei dem Unfall wirklich nur eine Gurtprellung erlitten hatte. Nach eigener Einschätzung befand er sich allerdings schon vor dem Unfall in einem offenbar beklagenswerten Zustand.

An das einzigste, an was ich mich erinnern kann, ist, daß ein Auto auf uns zukam, es geknallt hat, ich Schmerzen verspürt habe und der hinter mir Sitzende geschrien hat. An mehr kann ich mich nicht erinnern, da ich bei der Bundeswehr in der Grundausbildung enormen körperlichen und geistigen Belastungen ausgesetzt war. Der Unfall verschlimmerte meinen Zustand, so daß ich das Geschehene aus meinem Kopf verdrängte.

Die Inanspruchnahme junger Leute ist anderenorts jedoch kaum geringer.

Ich bin am Morgen aufgestanden, um mit meinem Pkw in die Stadt zur Vorlesung an der Universität zu fahren. Weil ich mich verspätet hatte, beeilte ich mich. Ich glaube, daß ich noch an den Stoff der letzten Vorlesung gedacht habe. Sicher bin ich mir jedenfalls, daß ich, während ich an der Tankstelle die 5,3 Liter getankt habe, völlig in Gedanken war. Ich habe nicht gemerkt, daß ich vergessen habe zu bezahlen. Mir erschien das Tanken so unwichtig, daß ich mich meiner Tat nicht erinnern kann. Ich vermute aber, daß ich zu Recht beschuldigt werde, und entschuldige mich hiermit.

In vielen Verfahren können Täter – manchmal zunächst, oft jedoch endgültig – nicht ermittelt werden. Der Täter bleibt also unbekannt. In Verkehrsunfallanzeigen der Polizei wird er dann als Beteiligter 01 – unbekannt – geführt. Trotzdem ist es der Polizei natürlich unbenommen, erste vorsichtige Zuordnungen zu wagen.

Während der Unfallaufnahme gab der Beteiligte 02 an, die Radmuttern erst kürzlich persönlich noch einmal nachgezogen zu haben. Jemand Unbekanntes müsse die Radmuttern an seinem Fahrzeug gelöst haben. Bei dieser unbekannten Person dürfte es sich um den Beteiligten 01 – unbekannt – handeln.

9. Radfahrer

Ein sehr weitläufiger Verwandter von mir, mit dem mich aber immerhin derselbe Geburtstag und -monat verbindet, hat vor einhundert Jahren einer Gruppe angehört, die zunächst mit einer gewissen Skepsis beäugt wurde, was allerdings ihrem steten Anwachsen keinen Abbruch tat. Er war nämlich Radfahrer. Als stolzer Besitzer eines Fahrrades durfte man damals jedoch nicht einfach munter drauflosradeln. Nein, zunächst einmal hatte man sich bei der zuständigen Ortspolizeibehörde einzufinden und sich dort eine sogenannte Radfahrkarte ausstellen zu lassen, so eine Art Führerschein, gültig für das jeweilige Kalenderjahr. Jeder Radfahrer war verpflichtet, diese Karte bei sich zu führen. So jedenfalls die Rechtslage in der Provinz Hannover.

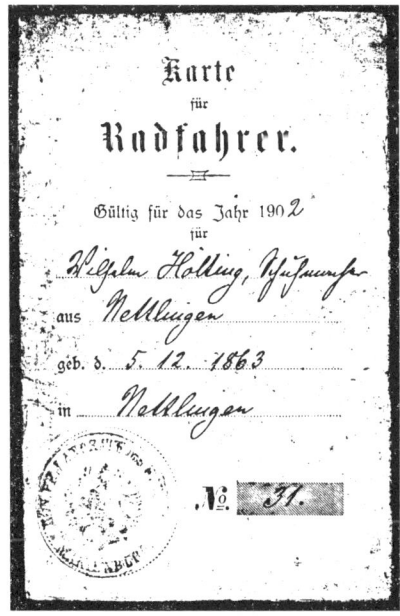

Signalement.

Größe: *1,76*

Statur: *schlank*

Haare: *dunkel*

Augen: *dunkel*

Nase: *gewöhnlich*

Bart: *dunkler Schnurrbart*

Besondere Kennzeichen: —

— ※ —

Polizeiverordnung

betreffend

den Verkehr mit Fahrrädern auf öffentlichen Wegen, Straßen und Plätzen.

Auf Grund der §§ 137 und 139 des Gesetzes über die allgemeine Landesverwaltung vom 30. Juli 1883 (G.-S. S. 195) und gemäß der §§ 6, 12 und 13 der Königlichen Verordnung über die Polizeiverwaltung in den neu erworbenen Landestheilen vom 20. September 1867 (G.-S. S. 1529), wird unter Zustimmung des Provinzialraths für den Umfang der Provinz Hannover Folgendes verordnet:

§ 1.

Die für den Fuhrwerksverkehr geltenden Vorschriften finden auf das Fahren mit Fahrrädern auf öffentlichen Wegen, Straßen und Plätzen sinngemäß Anwendung, soweit nicht in den folgenden Paragraphen andere Bestimmungen getroffen sind.

Wir befinden uns also in einer Zeit, in der die Bartform gleichsam noch zu den Personalien gehört. Nun soll es zwar manchmal auch Damenbärte geben, aus der Aufmachung des Dokuments läßt sich jedoch unschwer ersehen, daß es an sich nur für männliche Kandidaten vorgesehen war. Mag sein, daß Mann damals das Bild einer radelnden Frau für wenig schicklich hielt, wenn nicht gar fürchtete. Denn in der Tat war es gerade auch das niedrige „Sicherheits"-Fahrrad, das den Frauen um die Jahrhundertwende ein Stück Emanzipation bescherte, angefangen bei größerer Mobilität bis hin zu modischen Veränderungen, sprich einer legereren Kleidung einschließlich Hose.

Das Dokument darf also getrost auch als Ausdruck zeitgenössischer Frauenzurücksetzung gewertet werden. Allerdings waren den bevorzugten männlichen Pedalrittern keineswegs grenzenlose Freiheiten vergönnt. Das mögen die folgenden Auszüge aus jener Polizeiverordnung belegen, die in jeder Radfahrkarte vollständig abgedruckt war.

§ 4

1. Jeder Radfahrer ist zur gehörigen Vorsicht bei der Leitung seines Fahrrades verpflichtet.

2. Uebermäßig schnelles Fahren, Umkreisen von Fuhrwerken, Menschen und Thieren und ähnliche Handlungen, welche geeignet sind, Menschen oder Eigenthum zu gefährden, den Verkehr zu stören, Pferde oder andere Thiere scheu zu machen, sind verboten.

3. Wettfahrten auf öffentlichen Wegen, Straßen und Plätzen bedürfen der Genehmigung der Wegepolizeibehörde.

§ 5

1. Innerhalb der Ortschaften und überall da, wo ein lebhafter Verkehr von Wagen, Reitern, Radfahrern oder Fußgängern stattfindet, darf nur mit mäßiger Geschwindigkeit gefahren werden.

2. Beim Passiren von engen Brücken, Thoren und Straßen, beim Einbiegen aus einer Straße in die andere, bei scharfen unübersichtlichen Straßenkrümmungen, bei der Ausfahrt aus Grundstücken, die an öffentlichen Straßen liegen, und bei der Einfahrt in solche Grundstücke muß so langsam gefahren werden, daß das Fahrrad nöthigenfalls auf der Stelle zum Halten gebracht werden kann.

3. In allen diesen Fällen, sowie beim Bergabfahren, ist es verboten, beide Hände gleichzeitig von der Lenkstange oder die Füße von den Pedalen zu nehmen.

§ 6

Während der Dunkelheit sowie bei starkem Nebel ist jedes Fahrrad mit einer hell brennenden Laterne zu versehen. Ihr Licht muß nach vorn fallen, ihre Gläser dürfen nicht farbig sein.

§ 7

Jedes Fahrrad muß mit einer sicher wirkenden Hemmvorrichtung und einer helltönenden Glocke versehen sein.

§ 8

1. Der Radfahrer hat entgegenkommende, zu überholende, in der Fahrtrichtung stehende oder die Fahrtrichtung kreuzende Menschen, insbesondere auch die Führer von Fuhrwerken, Reiter, Treiber von Vieh usw. durch deutlich hörbares Glockenzeichen rechtzeitig auf das Nahen des Fahrrades aufmerksam zu machen.

2. In gleicher Weise ist das Glockenzeichen zu geben vor Straßenkreuzungen sowie in den in § 5 Abs. 2 angeführten Fällen. Mit dem Glockenzeichen ist sofort aufzuhören, wenn Pferde oder andere Thiere dadurch unruhig oder scheu werden.

3. Zweckloses oder belästigendes Läuten ist zu unterlassen.

§ 9

Entgegenkommenden Fuhrwerken, Reitern, Radfahrern, Fußgängern, Viehtransporten usw. hat der Radfahrer rechtzeitig und genügend nach rechts auszuweichen oder, falls die Oertlichkeit oder sonstige Umstände dies nicht gestatten, so lange anzuhalten oder abzusteigen, bis die Bahn frei ist.

§ 11

1. Wenn ein Pferd oder ein anderes Thier vor dem Fahrrade scheut, oder wenn sonst durch das Vorbeifahren mit dem Fahrrade Menschen oder Thiere in Gefahr gebracht werden, so hat der Radfahrer langsam zu fahren oder erforderlichen Falls sofort abzusteigen.

2. Geschlossen marschirenden Truppenabtheilungen, Königlichen und prinzlichen Equipagen, Leichen- und anderen öffentlichen Aufzügen, den Fuhrwerken der Kaiserlichen Post und der Feuerwehr, sowie den Fuhrwerken, welche zur Besprengung oder Reinigung der öffentlichen Straßen dienen, ist von dem Radfahrer überall völlig Raum zu geben.

§ 12

Auf den Haltruf eines polizeilichen Exekutivbeamten ist jeder Radfahrer verpflichtet, sofort anzuhalten und abzusteigen.

Auch heutzutage sind Radfahrer Restriktionen ausgesetzt, gesetzlichen wie tatsächlichen. So vernimmt man etwa Klagen über rücksichtslose Autofahrer. Die wiederum beschweren sich über rabiates Fahrverhalten einzelner Radler.

Hier sind gegenseitiges Verständnis und Achtsamkeit gefragt. Zu einem Kampf auf offener Fahrbahn sollte man die Konflikte jedenfalls nicht hochstilisieren und auf schwere Bewaffnung schon gänzlich verzichten.

Aus einer Verkehrsunfallanzeige:

01 befuhr mit seinem Fahrrad die Brunnenstraße in Richtung Landstraße.

In Höhe der Grundstückseinfahrt Nr. 10 zeigte er plötzlich seine Fahrtrichtung nach links an, indem er den linken Arm herausstreckte. In der Hand hielt er dabei eine Axt, deren Schnittfläche nach hinten zeigte.

Hierbei kam es zu einer Berührung zwischen der Axt und dem gerade überholenden Fahrzeug 02.

01 verlor die Balance und stürzte auf die Fahrbahn. Er wurde zur stationären Behandlung in das Krankenhaus überführt; am Pkw entstand geringer Sachschaden.

Aus der Aussage eines Jugendlichen:

Ich stand mit Freunden an der Straße, als eine Person auf einem Fahrrad ankam, die völlig verkleidet war. Sie trug eine Gesichtsmaske und „Ninja-Kleidung“.

Dieses kam mir sehr komisch vor, so daß ich auf die Straße lief und selbst solche Art Bewegungen mit den Händen vollzog, wie sie in diesen „Ninja-Filmen“ gezeigt werden.

Auf meine Bewegungen reagierte diese Person, hielt mit dem Fahrrad an und zog mit der Hand aus dem Nacken heraus aus ihrer Verkleidung ein Schwert. Mit diesem großen Schwert hat die Person dann einen Schlag in meine Richtung ausgeführt. Nur durch mein schnelles Zurückweichen konnte ich diesem Schlag mit dem Schwert entgehen.

Aus der Beschuldigtenvernehmung:

Das Schwert trage ich bei mir, weil ich damit die Schraube für die Rücktrittbremse besser anziehen kann. Ich habe keinen Schraubenzieher und eine neue Schraube würde mich 3,– DM kosten.

Der Beschuldigte war also bestens gerüstet, und zwar insbesondere für den Fall, daß bei ihm mal eine Schraube locker sein sollte.

10. Akten

Akten sind viel unterwegs, was ihnen, wie wir noch sehen werden, auf Dauer nicht gut bekommt. Die Geschäftsstellen der Justiz haben täglich eine Vielzahl von Aktenvorlagen und -übersendungen zu bewältigen. Eine überlastete – oder sollten wir besser sagen: abgesoffene – Geschäftsstelle einer Staatsanwaltschaft griff zu folgender Notwehrmaßnahme:

Urschriftlich zurück:
Hier werden keine Aktenanforderungen bearbeitet.
Stillstand! Land unter!
Ende

Manchmal schwappen die Wogen offenbar wirklich über der Justiz zusammen, so daß ihr förmlich die Fälle wegschwimmen. Wie anders soll man sonst diese Mitteilung des Amtsgerichts Frankfurt (Oder) verstehen?

An der hiesigen Behörde gab es am 26. 3. 1997 eine Havarie.
Im Rahmen dieses Ereignisses sind einige Akten vollständig untergegangen und einige Akten sind nur noch in Fragmenten vorhanden. In beiden Fällen macht sich eine Rekonstruktion erforderlich.
Ich bitte Sie im Rahmen Ihrer Möglichkeiten, uns bei der Rekonstruktion zu helfen. In Ihrem Fall ist die Akte leider vollständig zerstört worden.

Für untergegangene Akten müßte sich dann eigentlich die

Unterwasserbehörde

zuständig fühlen. Von ihrer Existenz erfuhren wir immerhin in einem amtlichen Schreiben. Nur beschleicht mich die Ahnung, daß womöglich doch nur die untere Wasserbehörde gemeint war.

Wenn die Justiz über zu große Arbeitslast klagt, die in überbordenden Eingangsfächern und babylonisch zugestapelten Aktenböcken ihren sichtbaren Ausdruck erfahre, so kann das im Einzelfall auch damit zusammenhängen, daß sie sich mit artfremdem Material herumplagen muß.

Amtsgericht an Landgericht:

Wie bereits telefonisch vorab besprochen, werden Sie um Übersendung der Akte nur bezüglich des Antragsgegners gebeten. Der Gesamtschuldner wurde versehentlich mit abgegeben.

Manchmal stecken Ermittlungen noch in den Kinderschuhen. Nicht so in diesem Schreiben eines Staatsanwalts:

Sehr geehrter Herr Präsident!
Ich überreiche die gegen den Beschuldigten erwachsenen Ermittlungsakten.

Dezernenten bei der Generalstaatsanwaltschaft gelten als besonders qualifizierte und gründlich arbeitende Juristen. Die genaue Erfassung und Bewertung eines vorgefundenen Sachverhalts gehört denn auch zu ihren vornehmsten Aufgaben.

Schreiben einer Generalstaatsanwaltschaft an eine ihr nachgeordnete Staatsanwaltschaft:

Betrifft: Zustand der Akten und Beiakten bei Vorlage in die Revisionsinstanz
Anlagen: 3 Bände Akten, 1 Vollstreckungsheft

Ich sende die oben bezeichneten Beiakten zurück. Von einer Weiterleitung an das Oberlandesgericht habe ich Abstand genommen. Gemäß Nr. 163 Abs. 3 RiStBV veranlaßt der Staatsanwalt vor Übersendung der Akten an das Revisionsgericht, daß alle Mängel beseitigt werden. Das ist hier nicht geschehen. Die Beiakten weisen folgende Mängel auf:

1. Vollstreckungsheft:
Aktenumschlag eingerissen, hinterer Deckel besteht nur noch aus beschädigten 60%.

2. Akten (Bd. I, II, III):
a) Bd. I:
– Hülle Bl. I mit Registerauszügen aus der Heftung herausgerissen;
– Hülle Bl. II mit Registerauszügen zerrissen, Inhalt liegt lose zwischen Bl. I und II, dabei auch zwei je ca. 8 cm große Teile der zerrissenen Zustellungsurkunde Bl. 48;
– die Blätter 47–53 sind herausgerissen und ragen rechts ca. 10–14 cm aus dem gehefteten Aktenteil heraus, sie sind zerrissen und durch Einschnürung mit einem Gurtband und weiteren 4 Gummibändern in der Mitte ca. 10 cm eingerissen, Einriß dehnt sich nach unten bis zum Blattende, nach oben bis etwa 8–4 cm von oben; oben und unten zerdrückt; Teile dieser Schriftstücke fehlen gänzlich;
– ab Bl. 176 sind die Blätter unten rechts umgeknickt, zum Teil ebenfalls aus der Heftung herausgerissen (oben eingerissen), die Blätter sind unten eingerissen und eingeknickt, von Bl. 194 fehlt ein Teil unten rechts,
– Bl. 195 ist gänzlich herausgerissen, zerrissen und zerknickt, es fehlen Teile dieses Blattes oben, unten, unten links und insbesondere rechts,
– der hintere Teil des Aktendeckels befindet sich nicht mehr am Aktenband, sondern ist lose, er ist eingerissen, zerrissen und zerdrückt.

b) Aktenumschlag Bd. II beschädigt, dadurch auch die in dem
   hinteren Umschlag aufbewahrten Überstücke von Schrift-
   stücken;
c) Bei Bd. III hätte der Rücken geklebt werden sollen.

Die Vorgänge müssen nach ihrem Zustand schon seit langem
so gelagert und versandt worden sein, ohne daß die Geschäfts-
stelle der Staatsanwaltschaft einfachste Abhilfe geschaffen
hätte.

Und dann, geradezu mitleidend:

Es sind nicht einmal einschneidende Bänder zurechtgerückt
worden.

In den Akten erwarten einen Verteidiger mitunter so unange-
nehme Wahrheiten, daß er am liebsten gar nicht erst hinein ge-
schaut hätte.

In dem Strafverfahren gegen Frau Kunze reiche ich die Akten-
einsichtnahme mit Dank zurück.

Die Staatsanwaltschaft ist sogenannte aktenführende Behörde.
Das bedeutet, daß in Strafsachen sämtliche erledigten Akten
bei ihr weggelegt und noch eine bestimmte Zeit lang aufbe-
wahrt werden, selbst also die Akten, die zunächst bei Gericht
geführt wurden, wie beispielsweise Bewährungshefte.
Im nächsten Fall war so ein Bewährungsheft (BewH) nach Erledigung zur Staatsanwaltschaft gelangt, wurde jedoch vom
Amtsgericht noch einmal zurückerbeten. Der Staatsanwalt
dachte aber gar nicht daran, dem nachzukommen. Barsch
schrieb er auf die Rückseite der Aktenanforderung:

Urschriftl. – ohne BewH – zurück:
Das BewH bleibt nach Straferlaß hier!

Der Amtsrichter ließ sich von diesem Ton nicht anstecken.

Sehr geehrter Herr Staatsanwalt!
In obiger Strafsache nehme ich Bezug auf die Anforderung des
Bewährungsheftes. Sollte hierdurch der Eindruck entstanden
sein, daß wir durch erledigte Akten unsere Regale füllen wol-
len, so erlauben Sie mir eine Klarstellung.
Es ist nämlich so, daß wir aus irgendwelchen Umständen noch
ein Retent bezüglich des Bewährungsheftes führen, in dem zwar
keine Unterlagen mehr vorhanden sind, das aber ohne das
besagte Bewährungsheft nicht wird aufgelöst werden können.
Unter diesen Umständen erlaube ich mir, die Staatsanwalt-
schaft noch einmal um <u>wohlwollende</u> *Prüfung und Entschei-*
dung über eine kurzzeitige Übersendung des Bewährungshef-
tes zu bitten.
In der Hoffnung, keine Fehlbitte getan zu haben, verbleibe ich
trotz allem
mit freundlichen Grüßen

Bei der Staatsanwaltschaft gelangte die Sache nun in andere
Hände, und dieser Dezernent griff zu einer besonderen Form
der Wiedergutmachung:

Urschriftl. mit BewH übersandt:
Ich war es nicht, der in Verkennung aller Fakten
dem Jugendrichter hat verwehrt die Akten;
drum übersende ich sie hiermit schnelle,
damit die düst're Miene sich erhelle,
und des Retentes leere Hülle
sich mit dem Akteninhalt fülle!

Mit Bewährungsheften scheint das in der Tat so eine Sache zu
sein. Ein niedersächsisches Amtsgericht hatte in einer Strafsache des Amtsgerichts Regensburg die Bewährungsaufsicht
übernommen, weil der Proband in den Norden verzogen war.
Übersandt wurde jedoch nur das Vollstreckungsheft. Als der
Richter auch noch das Bewährungsheft erforderte, mochte er

seinen Augen nicht trauen, als er in der Antwort seines Kollegen las:

Ein bayerisches Bewährungsheft wird in außerbayerisches Hoheitsgebiet nicht versandt.

Dazu paßt dieser Kommentar aus dem Schreiben eines Bürgers, der in Form einer unerquicklichen Korrespondenz mit der Justiz gehakelt hatte:

Da muß ich mich doch mit Franz Beckenbauer fragen: „Jo, mei, is denn scho Fasching?"

Endgültig weggelegt werden dürfen Akten erst dann, wenn auch über möglicherweise noch vorhandene Asservate, also Beweismittel, entschieden ist.

Das kann sich recht lästig gestalten; manchmal muß man der Asservate überhaupt erst habhaft werden, um sie „abwickeln" zu können, und dazu vielleicht in der Asservatenkammer nachforschen. Einfach, aber nicht immer unbedingt der Sache dienlich, ist dagegen eine Anfrage bei der Polizei.

Ich bitte um Mitteilung über das Schicksal der Asservate.

Der Staatsanwalt, der dies schrieb, erhielt folgende Antwort:

In diesem Ermittlungsverfahren gab es nur ein Asservat: das verfälschte Kfz-Kennzeichen. Sein Schicksal war umso härter: Es wurde hier im Asservatenraum eingesperrt und im Juni 1994 (nach Bekanntwerden des dortigen Aktenzeichens) verpackt und verschnürt der Staatsanwaltschaft nachgesandt. Seither gilt es wohl als verschollen.

11. Staatsanwälte

Von Beruf Staatsanwalt zu sein, das bedeutet neben eigenen Ermittlungsaktivitäten, neben dem Auftreten in Hauptverhandlungen und manch anderem halt unweigerlich auch, sich ständig durch dünne wie dicke, meist wenig aufregende Akten kämpfen zu müssen und sehr viel Zeit am Schreibtisch zuzubringen. Unter dem Strich also eine über weite Strecken völlig unspektakuläre Tätigkeit.

Ist da nicht verständlich, wenn anderes, auch andersartiges, besonders pointiert empfunden wird? Ja, schwingt hier nicht vielleicht sogar ein Hauch neidischer Sehnsucht mit, wenn ein Staatsanwalt in einer Anklageschrift die Befindlichkeit innerhalb einer örtlichen Punkerszene mit den Worten charakterisiert:

Da ist immer full action. Dort geht immer power ab, manchmal Wahnsinnspower.

Dann aber ist er wieder ganz der distanziert zitierende Ankläger:

Im Grunde genommen ist diese Kleinstadt für eine Gruppe von Punks nichts weiter als „tote Hose". Daraus folgt, daß in der Punkerszene bei dieser Situation nur dann „die Sau herausgelassen werden kann", wenn Straftaten begangen werden.

Und schließlich sein (aufkeimende Begehrlichkeiten sicherlich abtötendes) Resümee:

So betrachtet ist der harte Kern dieser Punkerszene als nichts anderes zu bezeichnen als eine Diebes- und Räuberbande (§ 250 Abs. 1 Nr. 4 StGB).

Von Jugendstaatsanwälten wird besonders viel Einfühlungsvermögen erwartet.

Der stolze Besitzer eines Alfa Romeo Cabrio, Baujahr 1969, hatte zwei Jugendliche in seinem Oldtimer bei bereits laufendem Motor überrascht. Eine Diebstahlsabsicht sei jedoch nicht nachweisbar, beschied ihn der Staatsanwalt.

Ihr Fahrzeug war mit einer sogenannten Kralle gesichert. Ohne Werkzeug, das nach den Ermittlungen nicht vorhanden war, ist es unmöglich, die Sicherung zu lösen und mit dem Wagen davonzufahren. Deshalb können die vorgenommenen Manipulationen zum Ingangsetzen des Motors nur dahin gedeutet werden, daß es die Beschuldigten reizte, den sicher außergewöhnlichen Klang eines ausländischen Sportwagenmotors zu hören und mit dem Gaspedal zu spielen.

Signalisiert ein Staatsanwalt in einer Hauptverhandlung Verständnis für einen Täter und plädiert gar auf einen minder schweren Fall, so wird er beim Gericht in aller Regel Gehör finden.

Aus einem Urteil:

Auch der Verdacht, den der Sitzungsvertreter der Staatsanwaltschaft in seinem Schlußplädoyer anführte, daß der „große Busen" der Zeugin den Angeklagten möglicherweise dazu gebracht haben könnte, diesen auch anzufassen, stellt nach Auffassung des Gerichts keinen Grund dar, in irgendeiner Weise die Strafe zu mildern. Selbst wenn die Zeugin in aufreizender Weise aufgetreten wäre, was noch nicht einmal der Angeklagte behauptet hat, sondern was lediglich der Phantasie des Sitzungsvertreters entsprungen sein muß, rechtfertigt nicht, Handlungen wie die beschriebenen an der Zeugin zu vollziehen.

Nicht von ungefähr heißt es schon in den Empfehlungen des Niedersächsischen Justizministeriums zur „Staatsanwaltlichen Praxis":

Der Stil des Schlußvortrages sollte – auch bei erregendem Ge-
schehen – von nüchterner Sachlichkeit beherrscht sein.

So dürfte es denn auch eher dem klassischen Bild vom Staatsanwalt entsprechen, wenn er unter Betonung des Opferaspekts
plausible Strafschärfungsgründe herausarbeitet.

Aus dem Urteil eines Jugendschöffengerichts:

Allerdings konnte der von der Staatsanwaltschaft vorgetragene
besondere Strafschärfungsgrund, ein besonders hinterlistiges
und feiges Verhalten des Angeklagten habe deshalb vorgelegen,
weil die aufgebrochenen Pkws wehrlos am Straßenrand ge-
standen hätten, nicht nachvollzogen werden.

Ein Staatsanwalt sinnierte in einer Verhandlung über einen in
Süddeutschland beheimateten Angeklagten:

Der Angeklagte hat in seinem Leben bisher drei räuberische
Erpressungen begangen. Jedesmal reiste er dazu nach Nieder-
sachsen. Warum, weiß der Lindwurm.

Ein anderer meinte:

Wer solchen Schaumwein klaut und auch noch austrinkt, ist an
sich schon genug bestraft.

Ein weiterer forderte:

Bei diesen hartnäckigen Rechtsbrechern muß mit der Keule
und nicht lediglich mit der Fliegenklatsche zugeschlagen wer-
den.

Und bereits verbal wurde hier die Keule geschwungen:

Dieser Angeklagte ist ein rechtes Lügenmaul.

Ein Staatsanwalt kann sich, so es denn sein Stil ist, derartige
Sprüche schon mal herausnehmen (das „Lügenmaul" landete

allerdings auf Antrag der Verteidigung im Hauptverhandlungsprotokoll), jedenfalls viel eher als ein Richter, denn im Gegensatz zum Gericht ist für ihn die Besorgnis der Befangenheit ein weit am Horizont gelegenes Minenfeld, und in den sich darüber wölbenden Himmel kommt er ohnehin nicht als Beamter, jedenfalls nicht hierzulande, wo § 35 des Niedersächsischen Beamtengesetzes rigoros bestimmt:

Das Beamtenverhältnis endet außer durch den Tod durch Entlassung usw.

Warum also besonders brav sein, mögen sich manche Kollegen sagen.

Auch wenn es nahezu aussichtslos erscheint, einen Staatsanwalt wegen Besorgnis der Befangenheit aus einem Verfahren zu schießen, so sind der Verteidigung die Hände doch nicht völlig gebunden, wie dieses Hauptverhandlungsprotokoll belegt:

Der Vertreter der Staatsanwaltschaft verbat sich während seines Plädoyers, daß der Verteidiger ihm einen Vogel zeigte.
Der Verteidiger erklärte, daß er dies nicht getan habe. Er forderte den Vertreter der Staatsanwaltschaft auf, zum Augenarzt zu gehen.

Juristen wissen, daß ein Hauptverhandlungsprotokoll eine erhöhte Beweiskraft hat (§ 274 StPO), und so müssen wir wohl damit leben, daß ein Staatsanwalt den folgenden Antrag wirklich gestellt hat, mit dem er es offenbar allen Seiten recht machen wollte.

Die Staatsanwaltschaft beantragte:

10 Monate Freispruch

(Es ging auch nicht etwa um einen Teilfreispruch.)

Das ist fast so schön wie dieser Tenor aus einem Urteil, das vom Richter tatsächlich unterschrieben worden war. Da hatte das Amtsgericht sich von allen Selbstzweifeln befreit und im Namen des Volkes für Recht erkannt:

Das Amtsgericht wird freigesprochen.

Manche Dinge sind besonders eilig und verlangen eine bevorzugte Erledigung. Während eine Staatsanwältin in einem Vermerk Verzögerungen bei der Aktenbearbeitung mit dem Vorrang

eiliger Eiltverfahren

rechtfertigte, mißfiel einem Staatsanwalt, der einen Kollegen (nur) in Eilsachen zu vertreten hatte, daß die vorlegende Geschäftsstelle eine bestimmte Akte mittels Rothülle zu eben einer solchen Eilsache gekürt hatte. Er verfügte:

1. Keine Eilsache.
2. Akte wieder entdringlichen.

„§ 1: Jeder seins", so lautet halt jenes alte, eherne Gesetz, aufgrund dessen dieser Staatsanwalt seine Zuständigkeit verneint hatte. Vertretungen, beseelt von dem Motto: „Als wär's ein (Akten)Stück von mir", bilden eben die Ausnahme.

Von ganz anderem Schlag ist da übrigens die Polizei. Wenn eine Sache dringend erscheint, dann wird sie auch angegangen, ohne Zögern und Zaudern, vor allem aber im denkbar größten Bewußtsein der Eilbedürftigkeit.

Es bestand Gefahr im Verzuge. Ein sofortiges Aufsuchen des Beschuldigten mit eventueller Durchsuchung seiner Wohnung duldete keinen Aufschub, um nicht den Erfolg der Ermittlungen zu gefährden.
Darunter fiel auch die Hinzuziehung eines Richters des Amtsgerichts, die um 16:00 Uhr sicherlich Schwierigkeiten, d.h.

zeitliche Verzögerung, die man nicht in Kauf nehmen konnte, mit sich gebracht hätte.
POM Schneider und ich fuhren mit dem Gedanken der Unverzüglichkeit unmittelbar zur Wohnung des Beschuldigten.

Manchmal stinkt einem die Arbeit, besonders im Hochsommer; wem wäre das wohl fremd? Eine eben erst eingegangene neue Akte. Mit ihrem noch makellosen, geradezu jungfräulich anmutenden Deckel liegt sie da sauber vor einem auf dem Schreibtisch, und obwohl man noch gar nicht ahnen kann, was einen im einzelnen erwartet, stinkt einem die Sache bereits jetzt, und zwar gewaltig. Mit frischem Widerwillen und einer schier unüberwindlichen Unlust beginnt man zu blättern, stößt dabei auf dies und jenes und schließlich auf eine Klarsichthülle obskuren Inhalts, entdeckt dort einen Aufkleber und entziffert halb betäubt:

Tatzeit: 14.7.1999
Delikt: Körperverletzung und Beleidigung durch Briefübersendung
Spur gesichert am: 3.8.1999
Spur/Gegenstand: Briefumschlag mit Maden (zweifach in Folie verschweißt)

Ach was, zweifach sogar. Es stank trotzdem.

Zum Thema Arbeit hier noch eine Beschuldigteneinlassung:

Sehr geehrte Damen und Herren,
zum Vorwurf der vorsätzlichen Verletzung der Unterhaltspflicht gebe ich folgende Stellungnahme ab:
Von einer vorsätzlichen Verletzung der Unterhaltspflicht kann überhaupt keine Rede sein. Für mich als Unterhaltspflichtigem besteht die Aufgabe darin, für den Unterhalt aufzukommen, also möglichst durch Arbeit Geld zu verdienen. In der Arbeitswelt beginnt für mich aber das Problem.

Für mich ist Arbeit gleichbedeutend mit Freiheitsberaubung. Ich habe schon öfters zu mir und zu anderen Menschen gesagt, statt arbeiten zu gehen, könnte ich gleich ins Gefängnis gehen. Ich bekomme beim Arbeiten unsagbare Haßgefühle, Ängste und Minderwertigkeitskomplexe. Jeder Arbeitgeber und Arbeitskollege ist für mich ein Feind. Wenn ich zur Arbeit gehe, lege ich den Mantel meiner Persönlichkeit ab, lasse mich total von meinen Mitmenschen beeinflussen und herumscheuchen und habe keine eigene Meinung mehr. Arbeit macht mich depressiv. Ich möchte nicht einfach arbeiten, bloß damit ich Geld verdiene, ich brauche einen Umkreis, der mich menschlich weiter bringt. Primär muß ich also aus meinem Teufelskreis ausbrechen, um dann sekundär der Arbeit, die mir Spaß machen sollte, nachkommen zu können, um dann wiederum Geld zu verdienen und so der Unterhaltspflicht nachkommen zu können. Mit freundlichen Grüßen

Ein anderer legte in einem Unterhaltsprozeß dem Gericht dar, was ihm nach Abzug des geforderten Unterhalts von seinem Einkommen noch zum Leben bliebe, und verkündete:

Ich nehme die damit verbundene Kriegserklärung an.

Es stellt schon eine absolute Ausnahme dar, wenn hier jemand anderes einspringt und die grundsätzliche Verantwortung selbst übernimmt.
Jugendamt an Vormundschaftsgericht:

Als Anlage senden wir Ihre Akte zurück und teilen Ihnen mit, daß wir bereit sind, die Vaterschaft mit dem Wirkungskreis Geltendmachung von Unterhaltsansprüchen zu übernehmen.

Doch zurück zur Staatsanwaltschaft. Jemand hatte bei einem Schneider eine Uniformjacke umarbeiten lassen. Dafür wurden 15 Arbeitsstunden in Rechnung gestellt, wohingegen ein vom

Kunden eingeholtes Privatgutachten höchstens 6 Stunden für gerechtfertigt hielt.

Der Kunde erstattete Betrugsanzeige und legte dazu das Gutachten vor, das immerhin eine stolze Seite umfaßte.

Der Staatsanwalt stellte das Verfahren jedoch ein und argumentierte mit eben diesem Gutachten.

Es ist nicht nachzuvollziehen, warum das Umarbeiten der Jacke nur 6 Stunden Zeit in Anspruch nehmen soll, wenn schon der Gutachter für die Begutachtung der geleisteten Arbeiten seinerseits 6 Stunden benötigt.

Es handelte sich übrigens um eine Uniformjacke des Traditionsverbandes Lützower Jäger 1813 e. V. Da sollte der Bezug zu einer militärischen Dimension an sich selbstverständlich sein. In einem Vermerk der Generalstaatsanwaltschaft wurde die Truppe des Majors von Lützow allerdings schändlich herabgewürdigt, und zwar zu einem bloßen Gesangverein mit liberalem Liedgut.

Die Mitglieder dieses Traditionsverbandes tragen Uniformjacken des ehemaligen Preußischen Frei-Chors.

Zu Theorie und Praxis des Schneiderhandwerks noch aus dem Bericht eines Bewährungshelfers:

Der junge Mann setzt seine Umschulung zum Damenschneider fort, seine Leistungen sind besser als ausreichend. Dabei schneidet er im theoretischen Bereich besser ab als im praktischen.

Mit größter Sorgfalt behandelt die Staatsanwaltschaft ihr anvertraute Dokumente, wobei auch sie in der Theorie meist besser abschneidet, als die Praxis ahnen läßt.

Meinen der Behörde eingereichten Schriftsatz hat der Oberstaatsanwalt offenbar an seinen fünfjährigen Sohn weitergege-

ben, der ihn mit einer Krakelei von sieben Ostereiern bis zur Größe von mehr als 6 cm verzierte.

Per Saldo erscheint irgend etwas krank an der Arbeitsweise dieser Staatsanwaltschaft!

Ein harscher Vorwurf, der natürlich jeder Grundlage entbehrt. Verfügung der Behördenleitung:

Der Beschluß des Landesministeriums zur Schweigepflicht der Beamten, Angestellten und Arbeiter im Landesdienst läuft bei allen Bediensteten zur Kenntnisnahme um.

Der Verwaltung war jedoch eine kleine Panne passiert, und so stellte ein Staatsanwalt im Umlaufbogen völlig zutreffend fest:

Der Beschluß lag nicht bei!

Was die Ermahnung eines anderen Kollegen nach sich zog:

Darüber bitte ich Stillschweigen zu wahren.

12. Querulanten

Polizei und Justiz müssen sich manchmal zu einem nicht unbeträchtlichen Teil ihrer Arbeitskraft mit Eingaben, Anträgen, Anzeigen, Beschwerden, Klagen usw. von Personen beschäftigen, die man je nach Ausmaß ihrer Beharrlichkeit, der Aussichts- oder gar Sinnlosigkeit ihres Begehrens oder der Wirrnis ihrer Vorstellungen irgendwann als Querulanten einzustufen hat.

Interessant ist, daß sich die Genese querulatorischen Verhaltens nicht selten auf Einzelerfahrungen mit einer staatlichen Institution zurückführen läßt, deren Entscheidung einst als ungerecht empfunden wurde und möglicherweise objektiv auch nicht rechtens war.

Im staatsanwaltlichen Dezernat treten Querulanten regelmäßig als Anzeigeerstatter auf. Die Bearbeitung solcher Eingaben erfordert ein gewisses Fingerspitzengefühl einerseits, aber auch Entschlossenheit beim Aufzeigen von Grenzen. Daß man dabei ständig der Gefahr ausgesetzt ist, selbst Gegenstand einer Anzeige zu werden, gehört zum Geschäft.

Im folgenden Fall war so eine Anzeige eingegangen, und der Abteilungsleiter hatte den Dezernenten um eine dienstliche Erklärung gebeten.

Diese Stellungnahme aus dem Jahr 1980, die der Kollege genüßlich zu einer Mischung aus Beschuldigtenaussage und Kurzdrama auswalzt, möchte ich gern vollständig wiedergeben, vermittelt sie doch auf recht lebendige Weise einen kleinen Einblick in ein Stück Arbeitsalltag bei der Justiz. Außerdem stellt der Kollege einen beachtlichen Sinn für Humor und Ironie unter Beweis.

Urschriftlich mit Akten und Beiakten
Herrn Abteilungsleiter
ergebenst zurückgereicht.

In Kenntnis meiner Rechte als Beschuldigter erkläre ich:

1. Zur Person:

..., Staatsanwalt, geboren ..., wohnhaft ..., Deutscher, verheiratet, nicht vorbestraft.

2. Zur Sache:

a) Allgemeine Vorgeschichte
Die Schmidt, Gertrud, ist hier seit Jahren sattsam als eine „juristische Person" bekannt. Im Jahr des Unheils 1971 gab ihr ein nach Üblem trachtender Dämon der Zwietracht ein, sich ein Gewächshaus zu kaufen. Selbiges war bei Anlieferung – so jedenfalls Gertrud – mit Mängeln behaftet. Außerdem war sie der Ansicht, daß ihr die Lieferfirma zu hohe Transport- und Montagezeiten berechnet habe (womit sie der Lebenserfahrung nach wahrscheinlich recht hatte). Dies war Anlaß und Ursprung vieler Rechtsstreitigkeiten, die m. W. auch heute noch nicht abgeschlossen sind. Leider wucherten diese zivilen Querelen alsbald krebsartig auch in den strafrechtlichen Bereich aus. Aus zutiefst gekränktem Rechtsempfinden nämlich erstattete Gertrud Strafanzeigen gegen die Gegenpartei und deren Zeugen, wobei sie auch die Richter nicht vergaß, die ihrem rechtlichen Begehren nicht stattgaben. Daß dann auch die Staatsanwälte, die frivoler Weise diese Verfahren einstellten, nicht ungeschoren blieben, war nur eine notwendige Konsequenz. Die hiesige Kriminalstatistik weist seitdem eine stark steigende Tendenz auf.

b) Spezielle Vorgeschichte
Vor drei Wochen hatte Gertrud wieder einmal einen Termin in einem zivilen Rechtsstreit vor dem hiesigen Amtsgericht. Anschließend schrieb sie flugs eine Strafanzeige gegen den amtierenden Richter, vermutlich – wie es ihrer Gepflogenheit entspricht – unter Mißbrauch der Schreibgelegenheiten, die die Deutsche Bundespost entgegenkommender Weise ihren Kunden zur Verfügung stellt.

Anschließend suchte sie die Staatsanwaltschaft in Gestalt des beklagenswerten Unterzeichneten heim. Gegenstand dieser Heimsuchung war das Verfahren in den Beiakten. Der Vorgang war mir bis dato unbekannt, jedoch hatte ich Gelegenheit, ihn zuvor einzusehen, weil Gertrud ihr Kommen bei der Geschäftsstelle avisiert hatte. Daß ihr Besuch zu einer Strafanzeige führen würde, konnte jedem Einsichtigen, und der Unterzeichnete ist einsichtig, von vornherein nicht zweifelhaft sein.

c) Hauptstück
Gegen 15.00 Uhr brach Gertrud herein. Das sich nunmehr anspinnende Zwiegespräch bemühe ich mich bester Erinnerung nach wortgetreu wiederzugeben.

Gertrud (statt einer Begrüßung markig mit ihrem Krückstock aufstampfend): Das Verfahren wird wieder aufgenommen!
Ich (freundlich lächelnd): Das glaube ich nicht, Frau Schmidt.
Gertrud (empört): Selbstverständlich wird das Verfahren wieder aufgenommen, der Beschuldigte hat gelogen.
Ich: Können Sie denn neue Beweismittel angeben?
Gertrud (unwirsch): Ich brauche keine neuen Beweismittel. Das ist alles schon in den Akten. Es ist ganz klar, daß der gelogen hat.
Ich (väterlich belehrend): Frau Schmidt, wir haben den Sachverhalt eingehend überprüft und das Verfahren dann eingestellt ...
Gertrud (mich unterbrechend): Das ist Begünstigung! Das Verfahren hätte nicht eingestellt werden dürfen!
Ich (leicht vorwurfsvoll): Frau Schmidt, Sie sollten mich aussprechen lassen. Ich sagte, wir haben das Verfahren nach eingehender Überprüfung eingestellt. Natürlich können wir uns irren. Das kommt schon mal vor, wenn auch sehr selten. Dann aber hat auf Ihre Beschwerde hin der Herr Generalstaatsanwalt die Sache noch einmal sehr eingehend überprüft und unsere Entscheidung bestätigt. Und (jetzt mit großem Nachdruck) der Herr Generalstaatsanwalt irrt nicht!

Gertrud (mit dem Krückstock aufstampfend): Natürlich irrt der! Das Verfahren hätte nicht eingestellt werden dürfen! Das muß sofort wieder aufgenommen werden!

Ich: Das Verfahren kann nur dann wieder aufgenommen werden, wenn neue gewichtige Beweismittel vorgebracht werden. Haben Sie etwas derartiges?

Gertrud: Neue Beweismittel sind überhaupt nicht nötig. Die Sache ist ganz klar. Der Beschuldigte muß bestraft werden. Das hat die Polizei auch schon gesagt.

Ich: Die Polizei konnte das bei der damaligen Vernehmung noch gar nicht beurteilen. Außerdem entscheidet nicht die Polizei darüber, was mit einem Verfahren geschieht, sondern wir. Wenn Sie keine neuen Beweismittel vorbringen können, bleibt die Sache eingestellt.

Gertrud (zornig): Das wollen wir mal sehen! Das Verfahren wird wieder aufgenommen!

Ich: Nein.

Gertrud (zweimal mit dem Krückstock aufstampfend): Das ist Begünstigung! Das Verfahren muß sofort wieder aufgenommen werden!

Ich (mit warnendem Unterton): Frau Schmidt, das reicht. Sie gehen jetzt besser!

Gertrud: Ich denke nicht daran! Ich bleibe! (zweimaliges Aufstampfen mit dem Krückstock)

Ich (nachdrücklich): Frau Schmidt, verlassen Sie das Zimmer!

Gertrud: Ich bleibe, solange ich will! Das Verfahren wird wieder aufgenommen! (Aufstampfen des Krückstocks)

Ich (warnend): Frau Schmidt, ich werde nur ungern unfreundlich gegen eine Frau Ihres Alters. Gehen Sie jetzt!

Gertrud: Nein!! (Aufstampfen mit Krückstock)

Nunmehr habe ich Gertrud – in Anbetracht ihres Alters und ihrer Gehbehinderung sehr vorsichtig – an den Schultern erfaßt und sie zur Tür und auf den Flur geleitet. Zu meiner Überraschung ging sie willig mit. Sie hat nicht einmal gezetert. Offenbar war sie völlig verblüfft.

Auf dem Flur habe ich sie mit erhobenem Zeigefinger väterlich ermahnt: „Kommen Sie nicht wieder herein." und sodann die Tür sanft (ich pflege mit fiskalischem Eigentum immer sehr schonend umzugehen) geschlossen.

Gertrud hat vor der Tür noch ein wenig gegrollt und sich sodann verzogen.

Ich betone ausdrücklich: ich habe Gertrud nicht gehauen, weder mit der Hand, noch mit der Tür!

d) Exkurs

In ihrer Anzeige gibt Gertrud an, daß während ihres Besuches noch ein Herr bei mir gewesen sei. Das ist richtig. Der Vollständigkeit halber und zur Ersparung einer etwaigen Anfrage bemerke ich hierzu:

Kurz vor Gertruds Eintreffen wurde ich auf dem Flur von einem rechtsuchenden Bürger italienischer Nationalität angesprochen, der unglücklich durch die Gänge irrte. Er führte in zwar melodisch klingenden, jedoch wenig verständlichen, weil überwiegend ausländischen Worten bewegt Klage, daß die Polizei ihm irgendwelche Papiere weggenommen habe, die er offensichtlich nur ungern entbehrte. Als Leitfaden durch das Labyrinth der Justiz besaß dieser arme Mensch lediglich einen unansehnlichen Zettel, auf dem von ungelenker Hand ein Gs-Aktenzeichen vermerkt war. Er dauerte mich.

Ich nahm ihn deshalb mit in mein Dienstzimmer, um dort fernmündlich eine Klärung zu versuchen. Dann erschien Gertrud. Der Verhandlung mit ihr folgte mein Gast, still und bescheiden auf einem Stuhl sitzend, mit regem Interesse, wobei ich jedoch nicht annehme, daß er den Dialog in seiner vollen Schönheit und Bedeutung erfassen konnte. Seiner Mimik nach muß er jedoch ähnliche Empfindungen gehegt haben, wie seinerzeit die Bevölkerung von Rhodos, die Schiller in seiner bekannten schönen Ballade so trefflich schildert:

„... und schaun teils grausend, teils mit Lachen den Ritter an und auch den Drachen."

Als Gertrud auf den Flur verbracht war, streckte mein Besucher in charmanter südländischer Gestik die geöffneten Handflächen in ihre Richtung aus, um diese dann energisch an dem rückwärtigen oberen Teil seines Beinkleides abzuwischen. Danach führte er mit der zur Faust geballten rechten Hand rotierende Bewegungen vor seiner Stirn aus und gab dazu schnarrende R-Konsonanten von sich. Ich möchte hieraus schließen, daß er sich das natürliche Feingefühl des Unverbildeten voll bewahrt hatte, das diesen Achtung vor der ihm von Gott gesetzten Obrigkeit hegen läßt. Dies machte ihn mir sympathisch. Es gelang mir, ihn kurz danach an die zuständige Stelle zu vermitteln, worauf er mit lebhaften Dankesworten schied. Der Name meines Besuchers ist mir ebensowenig erinnerlich, wie die in Betracht kommenden Aktenzeichen.

e) Kurze Würdigung
Die Schmidt ist meines Erachtens partiell geistesgestört, zumindest dürfte bei ihr eine hochgradige Psychopathie vorliegen.

f) Schlußwort und Nutzanwendung
Wenn Sie, hochverehrter Herr Oberstaatsanwalt, den Ratschlag eines alten und nicht unerfahrenen Dezernenten nicht als Anmaßung auffassen wollen, empfehle ich Ihnen, das Verfahren bloß nicht einzustellen, sondern mich ehebaldigst anzuklagen. Sie ersparen sich hierdurch zahlreiche Einstellungs- und Dienstaufsichtsbeschwerden sowie Strafanzeigen. Überdies würden Sie des unschätzbaren Vorzugs teilhaftig werden, zu Gertruds Lieblings-Staatsanwalt zu avancieren. Sie würden sich weiterhin in Zukunft regelmäßiger Besuche von ihr erfreuen können und vielleicht sogar – natürlich erst nach Ablauf einer angemessenen Bewährungszeit – ihr bei der Abfassung von Beschwerden, Strafanzeigen und ähnlichen Eingaben behilflich sein dürfen. Das würde nicht zuletzt auch der Justiz zu großem Vorteil gereichen.

Zu einer Zeit, als die Akten noch mit der Hand beschriftet wurden und man sich auch nicht scheute, vermeintliche

„Straftatbestände" aus querulatorischen Anzeigen einfach zu übernehmen, da prangte auf einem solchen Aktendeckel:

Strafsache
gegen Staatsanwalt Hartmann

wegen __ *Unehrliches Junokere* __

13. Gerichte

Allein schon die Tatsache, daß überhaupt ein Instanzenzug existiert, ist das sichtbare – und richtige – Eingeständnis potentiellen Irrtums in der Juristerei. Schließlich sind wir alle nur Menschen.

Aus dem Berufungsurteil eines Landgerichts:

Der Urteilstenor des Amtsgerichts ist falsch.

...

Die Kammer sieht die Ursache des Fehlers darin, daß einzelne Strafrichter des hiesigen Amtsgerichts immer wieder in ihren Urteilsgründen zunächst eine Gesamtstrafe festsetzen und sich dann erst mit der Festsetzung der Einzelstrafen befassen. Anschließend wird erneut die Gesamtstrafe begründet. Diese unlogische Abfolge führt immer wieder dazu, daß man nach der Festsetzung der Gesamtstrafe in Verwirrung gerät und nach der zunächst festgesetzten Gesamtstrafe die anschließend ausgeurteilten Einzelstrafen nicht mehr auf die Reihe bekommt und dann keine dem Gesetz entsprechende Gesamtstrafe mehr bilden kann.

Mag hier auch die versteckte Forderung an den Gesetzgeber enthalten gewesen sein, er möge endlich das im Jugendstrafrecht geltende Einheitsstrafenprinzip auch für Erwachsene einführen, so ist doch die Bekrittelung der unteren Instanz recht deutlich ausgefallen. Professionalität wird nicht gerade bescheinigt.

Die Möglichkeiten der so gescholtenen Instanz, selbst auch einmal in höhere Ränge zu schießen, sind natürlich rar gesät. Hier wurde eine solche Chance beim Schopf gepackt.

Aus dem Urteil eines Amtsgerichts:

Abschließend ist es dem Schöffengericht ein Bedürfnis, zum Ausdruck zu bringen, daß es die Art und Weise, wie das Beschwerdegericht in den Gründen jenes Beschlusses über mehr als 10 Seiten hinweg bemüht ist, den ihm und zuvor der Staatsanwaltschaft unterlaufenen Verfahrensfehler auszuräumen, als peinlich empfindet. So gesehen, auch dies ist die Auffassung des Schöffengerichts, ist die Lehre aus dem vorliegenden Verfahren, daß die Anhängigkeit einer Rechtssache in einer höheren Instanz nicht automatisch dazu führt, die Qualität der amtsgerichtlichen Rechtsanwendung als von geringerem Wert anzusehen.

Aus einem richterlichen Brief:

Mit Bestürzung habe ich davon Kenntnis genommen, daß Ihr Bruder verstorben ist. Den Umständen nach muß ich davon ausgehen, daß er selbst Hand an sich gelegt hat. Ich bedauere das – auch im Namen meiner Kollegen, die an der Verhandlung gegen Ihren Bruder beteiligt waren – außerordentlich.
Ich kann nicht verstehen, warum er nicht den Ausgang des Revisionsverfahrens abgewartet hat.

Gerichtlicher Beschluß:

Das Verfahren wird wegen Todes des Angeklagten gemäß § 206a StPO auf Kosten der Landeskasse eingestellt. Seine notwendigen Auslagen erhält der Angeklagte nicht erstattet (§ 467 Abs. 3 Nr. 2 StPO).

Frauen spielen in der Kriminalstatistik als Beschuldigte nur eine untergeordnete Rolle. Kriminalität ist eindeutig eine Domäne der Männer. Ein bekanntes Lied behauptet denn auch: „Die Männer sind alle Verbrecher".
Fehlen gegenteilige Anhaltspunkte, so geht die Polizei bei noch nicht aufgeklärten Straftaten zunächst wie selbstverständ-

lich von dem oder den Tätern aus und formuliert ihre Anzeigen entsprechend. Nun war aber nachträglich doch einmal eine Frau ermittelt worden, was das damit befaßte Gericht zu folgendem Vermerk veranlaßte:

Unbekannte Täter sind – siehe Bl. 1 – anscheinend immer männlich, es sollte auch insoweit eine Frauenquote eingeführt werden.

Manche Männer munkeln, das Thema Frauenquote beinhalte auch den Aspekt größerer Beförderungschancen; andere probieren es einfach aus.

Aus den Personalnachrichten des Justizministerialblattes:

Gerichte

Ernannt: Zur Justizamtsrätin: Justizamtmann ▆▆▆▆▆▆▆ ▆▆ Amtsgericht Pinneberg.
Zum Justizamtsrat: Justizamtmann ▆▆▆ Amtsgericht Elmshorn.

Diese vermeintliche Metamorphose möchte ich jedoch kurz erklären. Früher mußten nämlich auch weibliche Beamte mit der Amtsbezeichnung „Justizamtmann" vorliebnehmen. Aufgebrochen wurde das dann zunächst mit dem bemerkenswerten Titel „Justizamtmännin", später kam die inzwischen allgemein übliche Bezeichnung „Justizamtfrau" hinzu. Ein Amt mit der Amtsbezeichnung „Justizamtmann" wird weiblichen Beamten heute jedenfalls nicht mehr verliehen.

Dagegen will die Bundeswehr, wie man hört, trotz zunehmend holder Weiblichkeit in ihren Reihen die militärischen Dienstgradbezeichnungen nicht auf Vorderfrau bringen und auf die Einführung etwa einer „Hauptfrau" tatsächlich verzichten.

Im Sanitätsdienst gibt es Soldatinnen bekanntlich ja bereits seit Mitte der Siebziger. Die Braunschweiger Zeitung schrieb damals:

Die Bundeswehr hat in ihrer 20jährigen Geschichte ein viel-
leicht revolutionierendes Kapitel aufgeschlagen. Im „Jahr der
Frau" hat sie dem zarten Geschlecht die Tore des bisher männ-
lichen Offiziersstandes aufgestoßen. Frau Stabsarzt soll dem
Sanitätsdienst den ersehnten Nachwuchs bringen.

Der Direktor eines Amtsgerichts nimmt neben seiner auf-
sichtsführenden Funktion in aller Regel auch richterliche Aufgaben wahr, was der interessierte Bürger sehr wohl zu unterscheiden weiß.

Wenn sich der <u>Richter</u> *Dr. Müller durch eine oder mehrere Be-*
merkungen meines Befangenheitsantrages beleidigt fühlt, möge
er den <u>Direktor</u> *Dr. Müller erst einmal zusammenstauchen,*
damit der seine Geschäftsstellenmitarbeiter so trimmt, daß sich
Unterschlagungen – wie geschehen – in diesem Mitarbeiterkreis
nie wiederholen können.

Ein anderer beklagte sich bitterlich über seine Verurteilung.

Ich kann nur hoffen, daß ich mich eines Tages nicht auch noch
für den Untergang der Titanic und den Ausbruch des 2. Welt-
krieges vor Gericht verantworten muß.

Daß ein Richter im Laufe seines Berufslebens so manchen
Widrigkeiten die Stirn zu bieten hat – und dies keineswegs
spurenlos –, gehört zum anerkannten Erfahrungswissen Sachverständiger.

Längsrisse in Holzbalken, Haarrisse im Beton und das Knistern
von Dielen sind aus der Sicht des Sachverständigen so natürlich
wie die Runzeln auf der Stirn eines ergrauten Richters. Kein
Mangel.

Im nächsten Fall reagierte eine Zeugin auf Fragen des Richters entweder mit Unverständnis oder nur mit einem

Häh??

Da wollte der Richter wissen, ob die Zeugin vielleicht schwerhörig sei.

Häh??

Nun der Staatsanwalt, der nicht nur über ein deutlich kräftigeres Stimmorgan, sondern aufgrund seiner seitlichen Sitzposition wohl auch schallphysikalisch über einen günstigeren Einwirkungswinkel verfügte (stellen Sie sich bitte den cholerischen Kapitän Haddock und den fast tauben Professor Bienlein aus den unsterblichen Comics von Hergé vor):

Ob Sie schlecht hören??!!!

Darauf die Zeugin:

Nein, eigentlich nicht, seitdem ich die neue Brille habe.

Die vor das Gesicht gerissenen Akten verbargen zwar den Lachanfall des Richters, trotzdem bedurfte es zur Wiederherstellung seiner Verhandlungsfähigkeit einer Unterbrechung der Hauptverhandlung.
Danach stellte sich dann heraus, daß die Zeugin ihre neue, technisch offenbar nur mäßig ausgereifte Hörbrille gemeint hatte.

Und dann war da noch der Referendar, der seine Augen nicht von der Zeugin lassen konnte, die er unter Aufsicht seines ausbildenden Richters zu vernehmen hatte.
Um ein Fitness-Studio ging es in jener Zivilsache, was aber nur insofern von Belang ist, als die sehr attraktive Zeugin zweifellos direkt von dort ins Gericht geeilt war und sich hier in einem hautengen Outfit präsentierte, das unübersehbar von großer Wahrheitsliebe zeugte.

Nachhaltig beeindruckt, klang die Stimme des Referendars seltsam belegt, und gerade weil sich seine Konzentration so bündelte, ging es im Text nur schleppend voran.

Ohnehin sind eine Vernehmung und besonders die Protokollierung mittels eines Diktiergerätes bei fehlender Übung nicht gerade leichte Aufgaben, und dann noch diese Situation!

Die Nervosität des Referendars stieg spürbar, und vielleicht wand sich jetzt auch die Schöne unter seinen Blicken auf ihrem Stuhl mehr, als die Fragen erklärlich machten. Ganz unweigerlich erhärtete sich bei dem jungen Mann der Verdacht, daß die Zeugin ihre Wirkung auf ihn nicht nur passiv erlebte.

Aber es war ja nun wahrlich mehr zu leisten als nur die Inaugenscheinnahme einer Zeugin. Das Diktat indes brachte der Referendar nur mühsam und mit viel Stocken und Stottern über die Bühne. Wenigstens verlangte die Zeugin nicht, daß man ihr das alles noch einmal vorspielen müsse, und also sprach unser Referendar erleichtert die Schlußformel:

Laut diktiert und genehmigt. Auf ein nochmaliges Vorspiel wurde verzichtet.

Wer dagegen beruflich täglich Protokoll führt, weiß durch ständige Übung jenen unschätzbaren Vorteil auf seiner Seite, den präzises Formulieren nun einmal darstellt.

Mitteilung des Protokollführers an die Kostenbeamtin:

Der Schöffe Schmitt hat für die letzte Sitzung, also genauer gesagt, die letzte Sitzung vor der heutigen Sitzung, die war ausgefallen, aber die Sitzung davor, ein genaues Datum wußte er nicht mehr, keine Entschädigung bekommen. Er bittet mich, dieses Ihnen auszurichten.

In einer Zivilsache wurde vorgetragen, eine Zeugin möge doch unter Abgabe eines Eides auf den Koran vor Gericht aussagen.

Das Wissen unserer Gerichte ist groß, allein an Handwerkszeug mangelt es.
Gerichtlicher Beschluß:

Den Parteien wird aufgegeben, ihre Bevollmächtigten mit dem Koran auszustatten (weil ja auf ihn geschworen werden soll, was nach Kenntnis des Gerichts mit einer Hand auf dem Buch geschieht).

Apropos Eid. Der Verfassungseid, den Friedrich Wilhelm IV. zu leisten hatte, endete mit den Worten: „Dies alles zu halten, gelobe und schwöre ich."
Die Berliner behaupteten später, er habe gesagt:

Det alles zu halten, gloobe ick schwerlich.

Schöffen haben, wie Berufsrichter, volles Stimmrecht, und dies nicht zuletzt auch bei der Urteilsfindung, so daß sie – theoretisch wie zuweilen auch praktisch – in der Lage sind, etwa einen Schöffengerichtsvorsitzenden zu überstimmen.
Es kann also einem Richter widerfahren, ein Urteil verkünden und begründen zu müssen, hinter dem er persönlich überhaupt nicht steht. Über den Hergang von Beratung und Abstimmung darf er dennoch kein Wort verlieren; so verlangt es das Beratungsgeheimnis (§ 43 DRiG).
Aber es gibt Tricks. Wenn der Vorsitzende in der mündlichen Urteilsbegründung zum Beispiel mehrfach betont: „Das Schöffengericht in seiner heutigen Besetzung war der Ansicht, daß ...", so wird dies ein aufmerksamer Sitzungsvertreter der Staatsanwaltschaft als dezente Anregung verstehen, Rechtsmittel einzulegen, sei es zulasten oder zugunsten des Angeklagten. Beides geht bekanntlich.
Drastischer verfuhr da in den sechziger Jahren ein Amtsrichter auf der Insel Fehmarn (vgl. Asmussen, SchlHA 1989, 72). Mit ausgerechnet zwei Landwirten als Schöffen saß er über einem angeklagten Bauern zu Gericht, dem Tierquälerei vorgeworfen

wurde. Die rabiate Art, mit der der Angeklagte sein Rindvieh zum Bahnhof getrieben hatte, hielten die Schöffen indes nicht für strafwürdig und stimmten – gegen den Richter – für Freispruch. Der Vorsitzende tenorierte wie folgt:

Der Angeklagte wird von dem Vorwurf der Tierquälerei von zwei Ochsen freigesprochen.

Schöffen begreifen ihr Ehrenamt als interessante Abwechslung zu ihrem sonstigen Berufsalltag.

Beide Beschwerdeführer beanstanden mit Recht, daß das Gericht nicht vorschriftsmäßig besetzt war, weil der Schöffe einen nicht unerheblichen Zeitraum fest geschlafen hat, so daß er der Zeugenvernehmung nicht folgen konnte. Das ist durch die dienstliche Äußerung des Richters bewiesen. Danach fiel dem Richter auf, daß drei Zuschauer kicherten. Aus ihren Blicken konnte er entnehmen, daß der Grund für ihre Heiterkeit in der Person des neben ihm sitzenden Schöffen lag. Der Richter wandte sich dem Schöffen zu und beobachtete, daß dessen Kopf mit geschlossenen Augen und leicht geöffnetem Mund locker nach vorn geneigt war. Er weckte ihn mit einem Rippenstoß. Zwar hat der Richter nicht angeben können, wie lange der Schöffe geschlafen hat. Der von ihm geschilderte Vorfall spricht aber für die Richtigkeit der Darstellung, welche die Verteidiger in den Revisionsrechtfertigungen gegeben haben.

(BGH, NJW 1982, 41)

Nachsichtiger noch das Reichsgericht, das geradezu auf eine „orphische Tonleiter" abstellte (so Seibert, NJW 1963, 1045):

Es ist weder bewiesen noch glaubhaft gemacht, daß einer der Schöffen in der Hauptverhandlung geschlafen hat. Die Aussagen der Zeugen gehen hierüber auseinander. Zeichen großer Ermüdung, Neigung zum Schlafen, Kämpfen mit dem Schlaf sind noch kein sicherer Beweis, daß der Schöffe die Vorgänge in der Hauptverhandlung nicht mehr wahrnehmen konnte. Selbst ein einmaliger oder gelegentlicher „schnarchender Ton", wie ihn die beiden unmittelbaren Nachbarn des Schöffen bekundet haben, kann noch auf andere Weise gedeutet werden. Jedenfalls schließt er nicht aus, daß der Schöffe – vielleicht gerade infolge des von ihm verursachten Geräusches – „gleich" wieder munter geworden ist. Eine andere Beurteilung müßte dann eintreten, wenn der Schöffe fortgesetzt, häufig oder wenigstens bald nacheinander Schnarchlaute von sich gegeben hätte, die eine kurze, nach Lage des Falls unerhebliche Zeitspanne überschreiten. Dies ist nach den Bekundungen der Zeugen nicht geschehen.

(RGSt 60, 63)

Gar nicht so selten ist zwar auch die Rüge, Berufsrichter hätten während wesentlicher Verfahrensvorgänge geschlafen, erfolgreiche Revisionen insoweit sind jedoch die Ausnahme.
Allerdings sei folgendes aus dem Nähkästchen verraten. Marschiert eine landgerichtliche Kammer mit drei Berufsrichtern in eine Verhandlung, so hat volle Aktenkenntnis neben dem Vorsitzenden in aller Regel nur einer der Beisitzer, der sogenannte Berichterstatter, der später auch das Urteil absetzen muß. Der mehr oder weniger nur seine Anwesenheit beisteuernde zweite Beisitzer wird im Justizjargon deshalb zuweilen auch als

Beischläfer

bezeichnet.
Das Rechtspflegeentlastungsgesetz von 1993 hat denn auch in Strafsachen den Beischläfer grundsätzlich abgeschafft. In voller Besetzung wird nur noch in besonders schwierigen oder umfangreichen sowie in Schwurgerichtssachen verhandelt.

Aus der Beschwerdebegründung in einer Kostensache:

Das Beschwerderecht der Landeskasse ist zwar durch § 127 Abs. 3 ZPO eingeschränkt, die Rechtsprechung läßt aber ein

Rechtsmittel zu, wenn das Gericht die Grenzen des Ermessens eindeutig verpennt hat oder greifbare Gesetzesverstöße unterlaufen.

Selbstverständlich wünscht sich der rechtsuchende Bürger wenigstens seinen Rechtsanwalt stets aufgeweckt.

Ein Anwalt, der beim Durchlesen und Korrigieren einer Berufungsbegründung kurz vor Ablauf der Begründungsfrist in seinem Büro am Schreibtisch einschläft und erst nach Fristablauf wieder erwacht, kann sich nicht auf einen unabwendbaren Zufall berufen.

(BGH, VersR 1970, 441)

Daß ich Ihnen dagegen nichts über schlafende Staatsanwälte berichten kann, hat sicherlich nur mit dazu fehlender Rechtsprechung zu tun. Revisionsrechtliche Auswirkungen nämlich hätte ein solcher Übergang von Rechts- zu Augenpflege kaum.

14. Ladungen

Es ist geradezu das tägliche Los der Richter, daß einzelne Angeklagte oder Zeugen gerichtliche Vorladungen einfach ignorieren und beim Termin ausbleiben, was jedoch keineswegs bedeuten muß, daß solche Ladungen immer völlig nutzlos blieben. Aus einem Tatortbericht der Polizei:

Aufgrund der schlechten Sichtverhältnisse bei der nächtlichen Tatortaufnahme wurde der Tatort im Kurpark erneut aufgesucht. Die jetzige Besichtigung ergab, daß sich dort, wo nachts die Ladung des Amtsgerichts auf dem Spielplatz gefunden worden war, ein Kothaufen befindet. Auf der Ladung vom Amtsgericht war eine bräunliche Schmutzspur vorhanden. Hier hatte in der Nacht zunächst nicht genau gesagt werden können, um was für eine Schmutzspur es sich handelte.
Im Vergleich mit dem Kothaufen stellte sich nun heraus, daß es sich um Kotreste handeln müßte. Aufgrund der Vorfindesituation wird von hiesiger Seite davon ausgegangen, daß derjenige, der das Schreiben besaß, an diesem Ort „sein Geschäft erledigte", sich mit der Ladung das Gesäß säuberte und das Stück Papier dort liegen ließ.

Diese Ladung war also, bei Lichte besehen, wenigstens ihr Papier wert gewesen.

Selbst wenn derlei unappetitliche Endprodukte auf einem Spielplatz deponiert werden, erscheint das immer noch weit erträglicher als ihre Nutzung für hochfliegende Ideen.

Ab 19.15 Uhr nahm ich an einem Französischkurs der Kreisvolkshochschule teil. Zu Unterrichtsbeginn hatten wir ein Fenster geöffnet. Gegen 19.30 Uhr wurde von unbekannten Tätern eine Handvoll Kot, in Papier eingewickelt, durch das geöffnete Fenster unter die Decke und von da auf den Tisch geworfen. Der Haufen landete direkt vor meiner Arbeitsmappe. Die Lehrerin klagte über Übelkeit und mußte den Raum verlassen. An der Decke befand sich ein Fleck.

Derjenige, der sich hier gar nicht erst die Finger schmutzig machen wollte, wurde leider nie gefaßt. Reinen Tisch haben ja ohnehin andere für ihn gemacht. Erkenntnisse zur Herkunft des besagten Papiers fehlen zwar, aber ich finde, eine Ladung, eine volle Ladung, wenn Sie so wollen, war das auch hier allemal.

Zurück zum Gericht. Selbstverständlich gibt es auch Fälle ordnungsgemäßer Entschuldigung.

Ich kann nicht als Zeuge vor dem Amtsgericht erscheinen, weil ich zu dieser Zeit in Marburg an einem Besamungslehrgang teilnehme.

Häufig jedoch lassen die Leute ein ärztliches Attest für sich sprechen, das zu erlangen offenbar kein großes Kunststück ist. Vermerk der Geschäftsstelle:

Der Schwiegersohn der Zeugin teilte um 13.00 Uhr mit, daß seine Schwiegermutter den Termin nicht habe wahrnehmen können, weil sie sehr schwer krank sei. Auf den Hinweis, daß dann sicherlich ein ärztliches Attest vorgelegt werden könne, wurde von ihm erklärt, daß das kein Problem wäre, da seine Schwiegermutter einen ganzen Koffer davon habe. Sie werde eins übersenden.

Und natürlich erbaut einen Richter dann die Klarheit, die so ein fachmännisches Votum schafft.

Frau E. steht regelmäßig in unserer Sprechstundenbehandlung.

Aufgrund ihres seit Jahren stark ausgeprägten Gesundheitszu-
standes ist sie nicht in der Lage, an einer Gerichtsverhandlung
teilzunehmen.
Dies ist auch für die Zukunft.

Fazit: Wer schon den Besuch in einer Arztpraxis nur stehend
übersteht, dem kann natürlich unmöglich eine Sitzung zuge-
mutet werden.

Nun mögen Sie einwenden, man solle doch nicht alles so
furchtbar wörtlich nehmen. Wie wahr!
Als ein Angeklagter zu seiner Berufungsverhandlung beim
Landgericht unentschuldigt nicht erschienen war, wurde seine
Berufung ohne langes Federlesen verworfen, wie § 329 StPO es
halt vorschreibt.

Was heißt hier eigentlich, ich wäre ausgeblieben, Sie sind doch
ausgeblieben. In der Ladung wurde ausdrücklich gesagt, daß
meine Berufungsverhandlung vor dem Landgericht stattfindet.
Und genau dort war ich auch und habe gewartet, aber weder
vom Gericht noch von der Staatsanwaltschaft hat sich irgend
jemand blicken lassen. Da bin ich schließlich wieder gegangen.
Ich verlange Wiedereinsetzung!

Letzteres, also eine Wiedereinsetzung in den vorigen Stand, hat
ein anderer mal so ausgedrückt:

Betr: Zurücksetzung in den Altenstand.

Mit plumpen Wortspielereien hält sich ein Anwalt gar nicht
erst auf, er besticht durch hart erarbeitetes Spezialwissen.

... begründe ich die Beschwerde für die Berufungsführerin wie
folgt:

I.

Im vorliegenden Fall ist in Betracht zu ziehen, daß die für die Berufungsführerin bestimmte Ladung zum Termin zur Hauptverhandlung über die Berufung etwa 10 Monate vor diesem Termin die Berufungsführerin erreicht hat. Das ist eine sehr ungewöhnlich lange Ladungsfrist gegenüber einem normalen Bürger, der nicht zur Führung von Terminkalendern verpflichtet ist. Diese ungewöhnlich lange Ladungsfrist hat es auch bewirkt, daß die Beschwerdeführerin den Berufungstermin schlechthin vergessen hat, er war ihrem Gedächtnis entschwunden.

Das ist auch entschuldbar.

II.

Die psychologische Ausstattung des Menschen im allgemeinen und hier offenbar im besonderen ist nicht der Art, daß sie hier zu der von Gerichts wegen verlangten Gedächtnisstärke imstande sei.

Beweis: Sachverständigengutachten

Die Verteidigung ihrerseits hat in hier erlaubter völlig naiver Weise den Versuch unternommen, sich hier eigene Klarheit zu verschaffen. Sie hat deshalb zu Rate gezogen das Werk von Krech-Cruthfild, Grundlagen der Psychologie, 1992, Weinheim. Bei Studium des Kapitels 3 im 3. Band, Gedächtnis- und verbales Lernen, a.a.O., Seiten 51 ff. hat die Verteidigung indessen ihre Hoffnung nicht bestätigt gefunden, daß Gedächtnisschwünde quantifizierbar sind.

In den Ziffern 13 und 16 der Zusammenfassung auf Seite 76 a.a.O. kann man aber immerhin die Obersätze entnehmen, daß die sogenannten Interferenzen zum Vergessen führen. Die Berufungsführerin überreicht daher hierneben eidesstattliche Versicherung ihres Geschäftspartners, dem sich entnehmen läßt, daß die Berufungsführerin ein aktives Leben führt, das sehr wohl Interferenzen auslösen kann.

Die Berufungsführerin ist also beispielsweise nicht mit einer Person vergleichbar, die untätig das Herannahen beispielsweise eines Berufungstermins erwarten kann.

A. a. O. in Anmerkung 16 kann man sodann weiterhin etwas über die Verdrängung lesen. Die Verdrängung unangenehmer Dinge fördert ebenfalls das Vergessen. Hier führt die ungewöhnlich lange Ladungszeit gerade dazu, daß man an sich geneigt ist zu verdrängen, aber gerade wegen der langen Ladungszeit die Dinge erst einmal beiseite legt in der Erwartung, sich zu rechter Zeit wieder daran zu erinnern.

Unter dem Stichwort „Gedächtnis" im Brockhaus findet man Hinweise auf die sogenannte Ebbinghaussche-Kurve, die Jostchen-Regeln und die umgekehrt parabolische Vergessenskurve.

Die Beschwerdeführerin wiederholt ihren Beweisantritt durch
   Sachverständigengutachten,

daß generell bei der gegebenen Sachlage ein Vergessen gegeben gewesen sein kann und/oder in Bezug auf die Person der Beschwerdeführerin gegeben war.

III.

Es steht auch nicht zu befürchten, daß die vorstehende Argumentation nunmehr künftighin das Funktionieren der Strafjustiz behindern wird. Bei einer Ladungszeit von 3 bis 4 Monaten wird nicht so wie vorstehend argumentiert werden können. Hier aber lag eine so außergewöhnlich lange Ladungszeit vor, daß die Verteidigung sagen kann, eine solche in ihrer nunmehr 40-jährigen Praxis noch nicht gesehen zu haben.

IV.

Die Verteidigung ist sich dessen bewußt, daß mit der vorstehend erbetenen Entscheidung eine schwierige Entscheidung erbeten wird insofern, als ein Urteil über eine kaum erforschte psychologische Eigenschaft eines anderen abgegeben werden muß, deren Qualität völlig von der abweichen mag, über die der Urteilende verfügt.

Bei aller Psychologie, das wirklich Erstaunliche ist doch, daß manche Gedächtnisse tatsächlich funktionieren wie Computer.

Leider ist es meiner Aufmerksamkeit entgangen, den Termin zur Hauptverhandlung wahrzunehmen. Grund für diese Vergeßlichkeit ist ein sehr schmerzhafter Harnweginfekt, an dem ich in letzter Zeit litt und der mit Penicillin therapiert werden mußte. Dieser hat mich ganz in Anspruch genommen und die Löschung der Ladung aus meinem Gedächtnis bewirkt.

Ladungen werden regelmäßig förmlich zugestellt, d.h. möglichst persönlich ausgehändigt. Trifft der Postbote dagegen niemanden an, so hinterläßt er dem Empfänger eine Benachrichtigung, daß das Schriftstück bei der Post niedergelegt wird. Aufgrund dieser Benachrichtigung weiß der Adressat, daß es etwas abzuholen gilt, und kann das auch belegen. Dokumentiert wird das Ganze in einer Postzustellungsurkunde.

Viele lassen ihre Briefe allerdings bei der Post schmoren, nach dem Motto: von Behörden und Gerichten kann nichts Gutes kommen. Dies ist der Post bekannt. In einer bemerkenswerten Serviceleistung erledigte sie deshalb hier gleich mit, was der geschätzte Kunde mutmaßlich später ohnehin getan hätte.

Ausriß aus der Postzustellungsurkunde:

Die entscheidende Passage lautet:

Ich habe unter der Anschrift des Empfängers die schriftliche Benachrichtigung über die vorzunehmende Niederlegung in der für ihn bei gewöhnlichen Briefen üblichen Weise abgegeben, nämlich (*Art der Abgabe*) *in einen kleinen Mülleimer vor der Haustür.*

Das Bitterste sind natürlich Ladungen zum Strafantritt. Wenn man dann schweren Herzens draußen seine Zelte abgebrochen und gezwungenermaßen neuen Wohnsitz im Knast genommen hat, so zeigt sich allerdings auch in dieser delikaten Situation die Deutsche Post von ihrer allerbesten Serviceseite.

UMZUGSERVICE

Die Post wünscht Ihnen alles Gute zum Einzug:

Ihr persönliches
Umzugscheckheft

Jugendanstalt Hameln
Postfach 101332

31763 Hameln

Deutsche Post
BRIEF KOMMUNIKATION

15. Vorbelastungen

Brief an ein Amtsgericht:

Trotzdem die Sitzung öffentlich war, zudem viele Bewohner meines Dorfes kamen und zusahen, las der Richter meine Vorstrafen vor, obwohl er wußte, daß ich bei einer Getränkehandlung arbeitete. Diese Firma befindet sich hier am Ort. Er las unter anderem auch die Geschichte mit den gestohlenen Bierkästen vor. Einige Zuschauer erzählten es meinem Chef, der mich daraufhin fristlos entlassen hat.

Fazit: Dummheit schützt, Vorstrafe nicht.

In einer Jugendsache hätte das nicht passieren können. Um nämlich unter anderem derartige Folgen zu vermeiden, ist bei Verhandlungen gegen Angeklagte, die zur Tatzeit das 18. Lebensjahr noch nicht vollendet hatten, die Öffentlichkeit ausgeschlossen. Lediglich aus besonderen Gründen, „namentlich zu Ausbildungszwecken", kann der Vorsitzende auch verfahrensfremde Personen zur Hauptverhandlung zulassen, also etwa Jurastudenten, die ein Gerichtspraktikum absolvieren. So bestimmt es ausdrücklich § 48 des Jugendgerichtsgesetzes (JGG).
Als nun eines Morgens ein Proberichter, dem man beim Amtsgericht ein Jugendrichterdezernat zugewiesen hatte, den Sitzungssaal betrat, saß im Zuschauerraum doch tatsächlich, allerdings ebenso unerwartet wie unangekündigt, der Landgerichtspräsident höchstselbst. So glasklar dem Assessor vor Augen stand, daß hier soeben seine Überhörung für eine dienstliche Beurteilung, sprich Zeugnis, begonnen hatte, so diffus erschienen ihm die prozessualen Konsequenzen, die aus

der Okkupation jenes Horchpostens zu ziehen waren, der in Jugendsachen doch Niemandsland zu sein hatte. Während er eher mechanisch die einleitenden Formalitäten abwickelte, also die erste Terminsache zum Aufruf brachte und die Anwesenheit der Verfahrensbeteiligten feststellte, suchte sein Inneres fieberhaft nach einer Lösung. Durfte der Präsident dort einfach so ohne weiteres sitzen oder durfte er nicht, war eine Genehmigung des Gerichts erforderlich?

Selbstverständlich durfte er. Dem Landgerichtspräsidenten ist eine Verhandlungsteilnahme jederzeit schlicht deshalb erlaubt, weil die Beobachtung der Vorgänge im Gerichtssaal eine Frage der Dienstaufsicht darstellt (§ 175 Abs. 3 Gerichtsverfassungsgesetz). Doch dieses Resultat zu liefern, sah sich die Rechtsabteilung des Kandidatenhirns trotz des bereits massiv erhobenen Vorwurfs unterlassener Hilfeleistung nicht in der Lage.

Also gut, beschloß der Proberichter, sicher ist sicher, und diktierte ins Hauptverhandlungsprotokoll:

Gemäß § 48 JGG wird dem Herrn Präsidenten des Landgerichts die Anwesenheit zu Ausbildungszwecken gestattet.

Aber auch an sich öffentliche Verhandlungen finden meist vor leeren Zuschauerbänken statt. Daß das Interesse an einem Fall, daß gar Sensationslust die Leute in einen Gerichtssaal lockt, ist ein seltenes Phänomen und bleibt die Ausnahme. Schon eher zu beobachten ist da, daß ein Rentner oder Pensionär sein Interesse für die Strafgerichtsbarkeit entdeckt und als Dauerzuhörer für ein Gericht zur personifizierten Öffentlichkeit wird.

Die Staatsanwaltschaft hatte in eine Verhandlung beim Strafrichter einen Referendar als Sitzungsvertreter entsandt. Als er in einer etwas umfangreicheren Sache sein Plädoyer hinter sich gebracht hatte, entfaltete dies offenbar die Wirkung von zu hastig hinunter gestürztem Sekt. Geradezu beifallsheischend und mit einer um mehrere Konfektionsgrößen überzogenen Jovialität wandte sich der Jura-Twen in der Beratungspause an jenen Herrn gesetzten Alters, der im Zuschauerraum die Öffentlichkeit repräsentierte.

„Na, alter Mann, das sind für Sie doch sicher alles hochinteressante Dinge, die wir Ihnen hier bieten."

„In der Tat", kam trocken die Antwort. „Ich bin nämlich der Landgerichtspräsident."

Doch zurück zu den Vorbelastungen. Einem Staatsanwalt geben sie regelmäßig Anlaß, im Plädoyer den Ernst der Lage zu unterstreichen.

Der Angeklagte ist mehrfacher Träger des Bundeszentralregisters.

Angeklagten mit besonders vielen Voreintragungen führen unsere Richter deutlich vor Augen, welch drastische Konsequenzen bei erneuter Straffälligkeit drohen.

Wenn das so weitergeht, wird Ihr Registerauszug demnächst broschiert herausgegeben. Zweibändig!

Ferner enthalten die Urteilsgründe nicht selten wertvolle Empfehlungen für die weitere Lebensführung.

Der Angeklagte ist hier inzwischen bekannt wie ein bunter Hund. Ihm wird dringend geraten, in einen anderen Bezirk zu verziehen.

Der Angeklagte tat's und sorgte schon bald dafür, daß man ihn auch dort kennenlernte.

Zum Langmut einzelner Vorgänger fällt so einem neuen Richter dann manchmal nichts mehr ein. Oder doch?

Der Angeklagte lügt, betrügt, fälscht Urkunden und hinterzieht Steuern einerseits. Andererseits nötigt und verletzt er

Menschen im Straßenverkehr und fährt ohne Fahrerlaubnis. Die erste Freiheitsstrafe wurde 1989 verhängt. Die Vollstreckung wurde zur Bewährung ausgesetzt. Das ermunterte den Angeklagten zu fortgesetzten neuen Straftaten. Anstatt jetzt die ursprüngliche Strafaussetzung zu widerrufen, gab das Gericht 1991 nochmals eine Bewährungschance. Daraufhin leistete sich der Angeklagte drei weitere Verurteilungen, darunter auch wegen Fahrens ohne Fahrerlaubnis in insgesamt vier Fällen.

Die für die Bewährungssachen zuständigen Gerichte rühren sich nicht, obwohl Fahren ohne Fahrerlaubnis inzwischen zu den Standarddelikten des Angeklagten gehört. Unterdes fährt der Angeklagte unbekümmert weiter Auto, obwohl er keine Fahrerlaubnis hat. Am 29.9.1993 beispielsweise rangierte er unter den Augen der gutgläubigen Polizei auf dem Parkplatz beim Bahnhof und verursachte dabei leichten Sachschaden.

Der Angeklagte behauptet nachträglich, Frau Müller fahre üblicherweise das Auto für ihn. Nur auf dem Parkplatz habe er ausnahmsweise selber rangiert.

Eine Frau Müller ist von keinem der am Unfallort Anwesenden gesichtet worden. Der Angeklagte erklärte dazu: „Sie rennt immer weg, wenn die Polizei kommt."

Erstens paßt das nicht zur Situation, zweitens hat der Angeklagte die Frau Müller gar nicht erst als Zeugin benannt und drittens kündet das Strafregister von der Wahrheitsliebe des Angeklagten.

Nach allem hat er sich wieder einmal wie eingangs bezeichnet strafbar gemacht, und zwar nicht nur wegen des Rangierens, sondern auch wegen der Fahrt zum Unfallort und zurück. Zur Einwirkung auf den Angeklagten mußte eine kurze Freiheitsstrafe verhängt werden. Hinsichtlich der bereits laufenden Bewährungen war dies die sechste bzw. vierte Straftat innerhalb der Bewährungszeiten. Derart regelmäßiges Versagen kann nicht zur erneuten Strafaussetzung zur Bewährung führen. Ohne Strafverbüßung wird der Angeklagte nämlich keinerlei Lehren ziehen. Als Gärtnermeister wird er sich im übrigen im offenen Vollzug nicht unwohl fühlen.

Tatsächlich gibt es Registerauszüge mit zwanzig, dreißig oder gar noch mehr Eintragungen, die dann nicht selten bis in die sechziger Jahre zurück reichen. Das liegt daran, daß solche Leute ständig bei Gericht haben arbeiten lassen. Die Taten wurden in zeitlich so dichter Folge hingelegt, daß es nie zu einer Tilgung kam. Denn nur wer sich, was im einzelnen das Bundeszentralregistergesetz regelt, eine bestimmte Zeit lang straflos verhält (oder sich zumindest nicht erwischen läßt), der hat auch Anspruch auf Tilgung alter Eintragungen.

Solche voluminösen Registerauszüge laden förmlich ein zu einem Ausflug in die jüngere Rechtsgeschichte, finden sich doch dort häufig auch Verurteilungen wegen Übertretungen, eine dritte Form kriminellen Unrechts, die neben Vergehen und Verbrechen bis Ende 1974 im Strafgesetzbuch normiert waren. Diese also abgeschafften Übertretungs- sowie Tatbestände aus dem Nebenstrafrecht muten heute oft kurios an, wobei ich nicht behaupten will, daß derartiges Verhalten inzwischen erlaubt sei, sanktioniert dann aber meist nur noch als Ordnungswidrigkeit.

Hier einige Beispiele:

Gemeinschaftliche Ruhestörung in Tateinheit mit gemeinschaftlichem unerlaubtem Anzünden eines Heu- und Streuhaufens

Fußballspielen auf der Straße

Verweilen an einem öffentlichen Vergnügungsort über die Polizeistunde hinaus

Ruhestörender Lärm in Tateinheit mit Steinwerfen gegen ein fremdes Haus

Verübung groben Unfugs

Verweigerung von Personalangaben in Tatmehrheit mit fortgesetzter gemeinschaftlich begangener Belästigung von Wartesaalpersonen

Umherziehen als Landstreicher in Tateinheit mit Gehen über eine ungemähte Wiese

114

Wer entsprechende Vorbelastungen aufweist, steht früher oder später unter Bewährung oder auch Führungsaufsicht. Diese Institutionen sollen dem Verurteilten helfend und betreuend zur Seite stehen, ihn zu einem rechtschaffenen Lebenswandel in sozialer Verantwortung ohne neue Straftaten anhalten.

In ehemaligen Straftätern dagegen eine besondere Naturverbundenheit zu wecken, gar quasi einem Bild friedlich weidender Unschuldslämmer zu frönen, all dies liegt weit jenseits gesetzgeberischer Vorstellungen.

Anfrage der Führungsaufsichtsstelle an die Bewährungshelferin:

Sehr geehrte Frau ██████!

In der Führungsaufsichtssache

über Hans-Joachim ████████████, geb. am ████████

wird um Beantwortung folgender Fragen gebeten:
Wann zog Herr ████████ mit seiner Verlobten zusammen?
Wie verhält er sich in seiner neuen Umgebung (z.B.
Zusammenleben mit der Verlobten, ihren Eltern)?
In welcher Wiese setzen Sie die intensivere Betreuung
unter der veränderten Situation fort?
Sind in den vergangenen ca. 3 Monaten Veränderungen
im Arbeitsverhalten eingetreten?

Hochachtungsvoll
██████████, Sozialamtmann

16. Knast

Am 1.11.1996 wurde das Land Niedersachsen fünfzig Jahre alt. Aus Anlaß dieses Jubiläums sollten nach Vorstellung der Staatskanzlei allerlei Veranstaltungen im Lande stattfinden. Auch das Niedersächsische Justizministerium beteiligte sich im Vorfeld an diesen Überlegungen und informierte seine Gerichte und Behörden unter anderem über folgende Planungen:

– *Festveranstaltung mit Podiumsdiskussion unter Teilnahme von Frau Ministerin*

– *Veranstaltungen „Tag der offenen Tür" bei allen Gerichten und Staatsanwaltschaften …*

– *entsprechende Informationsveranstaltungen in den Justizvollzugsanstalten*

Letzteres dürfte genau das gewesen sein, wovon jeder Gefangene wohl ständig träumt: Tag der offenen Tür im Knast!
Allerdings blieb es auch nur ein Traum. Denn ob man nun da oben noch rechtzeitig den Irrtum bemerkt hatte oder ob tatsächlich die leeren Landeskassen schuld waren: die Jubelfeierlichkeiten fanden jedenfalls gar nicht erst statt.

Ein Verteidiger beklagte, seinem Mandanten sei in der Justizvollzugsanstalt jeglicher Freigang verwehrt worden.

Es wäre aber notwendig gewesen, daß der Insasse die Möglichkeit hat, ein bürgerliches und berufliches Leben im Rahmen des Möglichen fortzusetzen.
Als sodann meinem Mandanten noch mitgeteilt wurde, daß er aus dem offenen Vollzug in den geschlossenen Vollzug verlegt

werden sollte, hat mein Mandant die Haftanstalt verlassen und ist auf Flucht gegangen.

Mein Mandant ist bereit, sich umgehend zu stellen. Jedoch würde ihm die Entscheidung erleichtert werden, wenn ihm zugesichert würde, daß er als Freigänger behandelt wird.

Die Anstaltsleitung konterte dieses Ansinnen unter anderem mit der Bemerkung:

Eine Justizvollzugsanstalt ist kein „Freizeitunternehmen".

Und doch sind Zweifel angebracht. In einen Fragebogen, der zu den Vorbereitungen einer möglichen vorzeitigen Entlassung auf Bewährung gehört, schrieb ein Gefangener:

Freizeitbeschäftigung während der Haftzeit:
Angeln, Pilze suchen

Es gibt aber durchaus auch Steckenpferde, für die der Haftraum der ideale Stall ist.

Antrag eines Untersuchungsgefangenen:

Ich bitte um die Genehmigung, mir 6 (sechs) Legehennen halten zu dürfen, da der Anstaltskaufmann horrende Preise hat, die den Machenschaften der Mafia entsprechen. Ich bin es gewohnt, morgens ein Frühstücksei zu essen.

Ich danke schon im voraus.

Kommen Sie mir aber nicht mit der unglaubwürdigen Begründung, mir dieses abzulehnen, weil in der Anstalt keine Vögel gehalten werden dürfen.

Ich werde sonst mit meinen Hennen bis zur höchsten Instanz gehen.

Mit einer differenzierten Stellungnahme wurde der Antrag zurück gereicht.

Abgelehnt, da Hühner zur Beförderung von Briefpost abgerichtet werden können. Außerdem dürfen Eier eine vorge-

schriebene Größe nicht überschreiten. Ich schlage vor, Wachteln zu halten.

Und also machte sich unser Tierfreund, wie angekündigt, mit seinen Hennen auf den Weg in die Instanzen.

Beschwerde an die Staatsanwaltschaft über die Ablehnung des anliegenden Antrags!
Ich stellte Antrag auf die Haltung von 6 Legehennen, welcher mit der fadenscheinigen Begründung abgelehnt wurde, daß diese zur Beförderung von Briefpost abgerichtet werden können.
Es wurde mir lediglich vorgeschlagen, Wachteln zu halten. Doch da hege ich kein Interesse.
Ich bitte um Prüfung.

Verfügung der Staatsanwaltschaft an die Beschwerdekammer des Landgerichts:

Ich beantrage, die Beschwerde des Untersuchungsgefangenen gegen die Ablehnung der Genehmigung, 6 Legehennen halten zu dürfen, zu verwerfen. Ich habe auch Bedenken, dem Angeklagten die Haltung von Wachteln zu genehmigen.

Dem Landgericht erschien es allerdings angebracht, noch einmal grundsätzlich bei der Justizvollzugsanstalt nachzufragen. Aus deren Antwort:

Der gestellte Antrag um Genehmigung zur Haltung von 6 Legehennen wurde zunächst vom Stationsbeamten als Scherzantrag aufgefaßt und auch dementsprechend beschieden.
Der Antrag ist abzulehnen, da das Halten von Hühnern in Wohnräumen aus hygienischen Gründen nicht gestattet ist.
Ich bitte, die Beschwerde als unbegründet zurückzuweisen.

Und so geschah es auch.

Historisch läßt sich dieser Schulterschluß zwischen Vollzug und Justiz allerdings nicht belegen. Als 1904 der Oberstaatsanwalt von Celle, dem damals noch die Dienstaufsicht über die Gefängnisse seines Bezirks oblag, diese Knäste einmal richtig unter die Lupe genommen hatte, sah er Anlaß zu folgender Rüge:

Bei den Revisionen habe ich vielfach gefunden, daß die Gefängnis-Aufseher auf den Höfen und in den zum Gefängnis gehörenden Gebäuden und Wirtschaftsräumen Tiere, wie Schweine, Hühner, Tauben etc. hielten. Diese Tierhaltung ist zu untersagen. Sie bewirkt, daß allerlei Ungeziefer wie Ratten und Mäuse sich in den Gefängnisräumen ansammeln, auch die Exkremente der Tiere sind durch den üblen Geruch und die dadurch herbeigeführte Verpestung der Luft in den mitunter ohnedies wenig luftigen Gefängnisräumen den sanitären Interessen gefährlich.

Zumal in den Zellen ohnehin ein scharfer Wind wehen kann, wie wir weiter unten im Zusammenhang mit der Einzelhaft noch erfahren werden.

Hier nun ein weiterer Untersuchungsgefangener, der sich zur Ausübung eines Hobbys gedrängt fühlte:

Hohes Gericht!

Da ich seit nunmehr drei vollen Monaten die an sich sehr schöne Justizvollzugsanstalt bewohne, wende ich mich mit einer besonderen Bitte an Sie.

Da ich ja auch nur ein Mann bin, habe ich genau die gleichen Bedürfnisse wie fast alle gleichgeschlechtlichen Artgenossen jenseits der mich beschützenden Einfriedung. Verstärkt durch das viele gute Essen, das täglich meine Galle in höchste Erregung versetzt, wird es für mich immer schwieriger, meinen Trieb auf körperliche Befriedigung unter Kontrolle zu halten. Der daraus erfolgenden und leider auch unvermeidlichen Regelung des mich innewohnenden Hormonhaushaltes bitte ich somit auf diesem Wege mittels einer aufblasbaren Gummipuppe Abhilfe schaffen zu lassen.

Ein preisgünstiges Modell entdeckte ich erst kürzlich im neuen Beate-Uhse-Katalog. Hierbei handelt es sich um eine fast

lebensechte, fleischfarbene „Superfrau“, die laut Prospekt keinerlei Wünsche offen läßt. Nur fehlt mir für die Inempfang-
nahme meiner zukünftigen Traumfrau die richterliche Erlaub-
nis. Ferner benötige ich hierzu Flickzeug, da ich meine Zu-
künftige der zu erwartenden Dauerbelastung in keinster Weise
gewachsen sehe.

In freudiger Erwartung und erregtem Zustand

Andere denken auch immer nur an das eine, und zwar das eine
Urteil, dessentwegen die Untersuchungshaft fortdauert und
das doch noch mit der Revision angegriffen werden soll. Zer-
mürbendes Warten schafft hier eine ungute Distanz zu Vertre-
tern der Justiz.

Schreiben an einen Staatsanwalt:

Schröder!

*Wann wird mir eigentlich ein schriftliches Urteil von der 1.
großen Strafkammer von der Berufungsverhandlung zugeschickt?*

*Kümmere Du Dich doch mal um die Sache, damit mir bald-
möglichst ein schriftliches Urteil zugeschickt wird.*

Bitte darum, mir den Eingang meines Schreibens zu bestätigen.

Hochachtungsvoll

Dabei ist im Vollzug an sich bekannt, daß die Höflichkeitsan-
rede zu benutzen ist.

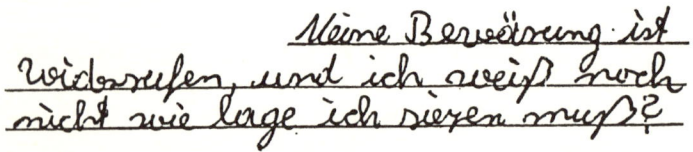

Ein Mann aus dem benachbarten Osteuropa war wegen des
dringenden Verdachts in Untersuchungshaft genommen wor-

den, zwei hochwertige Autos entwendet, ausgeschlachtet und die Teile gewinnbringend veräußert zu haben. Er schrieb aus der Haft:

Ich möchte Sie um Beschleunigung des Verfahrens bitten, da ich das Familienhaupt bin und mich um meine Frau und meine kleinen Kinder kümmern muß, denn ich bin der einzige Verdiener in meiner Familie.

Offenbar arbeitete die Justiz dem fleißigen Mann dann doch zu langsam, denn kurze Zeit später mußte die Justizvollzugsanstalt mitteilen, der Gefangene sei ausgebrochen.

Bei einem anderen entwichenen Gefangenen listete die Justizvollzugsanstalt in ihrem Fahndungsersuchen an Polizei und Staatsanwaltschaft unter der Rubrik: „führt folgende Gegenstände bei sich" im einzelnen auf:

Fernseher mit Zimmerantenne, Kaffeemaschine, 1 Radio Royal, 1 Föhn AEG, 1 Spotleuchte, 3 Game-Spiele,

was einen unbekannt gebliebenen Spaßvogel zu der Randbemerkung verleitete:

Und was ist mit der Waschmaschine?

Eine zentrale Voraussetzung für die Anordnung und den Vollzug von Untersuchungshaft ist das Bestehen eines dringenden Tatverdachts (für eine Anklageerhebung reicht dagegen schon ein sogenannter hinreichender Tatverdacht). Der Haftrichter ist verpflichtet, durch intensive Prüfung des ermittelten Sachverhalts die Dringlichkeit eben dieses Verdachts stets im Auge zu behalten. Einer Tatrekonstruktion in seinem Dienstzimmer bedarf es dazu jedoch nicht. Daß aber genau dies in einem heiklen Fall geschehen sein könnte, diesen dringenden (Tat)-Verdacht legt die nachfolgende Passage aus dem Senatsbeschluß eines Oberlandesgerichts nahe.

Die Angriffe des Beschuldigten gegen die Glaubwürdigkeit der Geschädigten sind bislang nicht geeignet, den dringenden Tatverdacht auszuräumen, zumal selbst die Wiedergabe angeblicher Äußerungen der Geschädigten nach dem am 4. April 1999 stattgefundenen Geschlechtsakt durch den Beschuldigten vor dem Haftrichter weniger auf eine freiwillige Hingabe deutet ...

Nach geltender Rechtslage könnte jeder Untersuchungsgefangene eine Einzelzelle für sich beanspruchen. Das allerdings geschieht eher selten, was den mit ständiger Überbelegung kämpfenden Haftanstalten nur entgegenkommt. Es dient indes der Klimaverbesserung, wenn einzelnen Gefangenen das Privileg hin und wieder doch zuteil wird.

Ein angebliches Pfurzen, was der Mithäftling letztlich gar nicht richtig bestätigt hat, ist wohl kein Grund, um an mir schwere Einzelhaft zu vollstrecken.

Persönliche Gegenstände, die der Gefangene in seinem Haftraum nicht lagern kann, also etwa Koffer und dergleichen, oder die er hier nicht besitzen darf, werden so lange amtlich für ihn verwahrt. Man spricht auch von den Effekten.

Ich sehe nicht ein, warum die Bilder zu meinen Infekten genommen werden, die sicherlich völlig ungefährlich sind.

Brief an die Staatsanwaltschaft als Vollstreckungsbehörde:

Da ich von meinen Ehemann 1 Jahr schon getrennt lebe und bei einen anderen war, habe ich bei den anderen nicht ausgehalten. So habe ich mich auf die Suche nach meinen Ehemann gemacht.
Da keiner wußte wo er wahr bin ich in der demaligen DDR gefahren, da habe ich mein Mann auf der anderen Straßenseite gesehen. Da bin ich gleich über die Straße nach ihn hingelau-

fen. Anschließend haben wir unser Wiedersehen gefeiert, und über Nacht bin ich bei ihn geblieben, und nun bekomme ich ein Kind von ihn.
Ich möchte gerne eine Freistellung für mein Ehemann bitten. Da ich weiß das andere Personen

noch mehr auf den Reirboltz haben.

Was Sie längst ahnen: „Kerbholz" sollte es heißen.

Während ein Antragsteller sich in einem Gnadengesuch – lediglich – als

Bittstehler

bezeichnete, klang das im folgenden Gnadengesuch schon weit gefährlicher:

Bin jetzt 29 Tage im Gefängniß, und werde Bald Verrückt hier, da durch werde ich nicht besser, vielleicht noch Schlächter.

Gemeint war wohl „schlechter" und hoffentlich nicht die Ankündigung eines Amoklaufes.

Daß Untersuchungs- und Strafhaft das geistige Interesse der Betroffenen keineswegs abstumpfen müssen, sollen abschließend zwei Briefe belegen.

Hier zunächst ein Schreiben aus den sechziger Jahren an einen Verteidiger:

Sehr geehrter Herr Rechtsanwalt!
Möchte Ihnen mitteilen, daß ich die Ladung zur Hauptverhandlung bekommen habe. Sie soll vor dem Schwurgericht stattfinden.
Zur Klärung einer Streitfrage außerhalb der Rechtsangelegenheit habe ich eine Bitte: Können Sie mir bitte die Unterscheidungsmerkmale zwischen indischen und afrikanischen Elefan-

ten mitteilen. Ohren, Stirn, Augen und Rüssel würden schon genügen.
Hier im Gefängnis sind weder Lexika noch andere Nachschlagewerke.

Bei inzwischen deutlich verbesserten Informationsmöglichkeiten vermögen heutzutage sogar gewisse Spezialpublikationen der Jurisprudenz die Aufmerksamkeit der Gefangenen auf sich zu ziehen.

██████, den 27. 11. 2000

Sehr geehrter Herr StA Ahrens,

ich habe von Ihrem Anekdoten-Büchlein
„Der Geschädigte liegt dem
            Vorgang bei"
aus der Presse erfahren, und würde
dieses sehr gerne auch lesen.
    Das „Problem" ist, ich bin in der
o. g. JVA, und verfüge deshalb nicht über
die nötigen Mittel zum Erwerb desselben.

Ich würde mich daher sehr freuen, wenn Sie
mir ein Exemplar gratis zukommen lassen
würden, das ich natürlich später auch der
JVA-Bücherei weitergeben würde.
Eine Zusendung könnte ohne Paketmarke
erfolgen.

Über eine Antwort von Ihnen würde ich mich
auf jedenfall freuen.
Hochachtungsvoll

Der Wissensdurst wurde übrigens gestillt.

17. Geplatzte Kragen

Wenn jemand wütend wird, ihm die Zornesader schwillt, dann spricht man bekanntlich auch davon, daß ihm der Kragen platzt, was sich, wie wir gleich sehen werden, unmittelbar auf die Krawatte auswirken kann.

Ein Pflichtverteidiger ist ein Rechtsanwalt, der in bestimmten Fällen, etwa beim Vorwurf eines Verbrechens, einem Angeklagten vom Gericht beigeordnet werden muß, wenn der sich selbst einen sogenannten Wahlverteidiger nicht leisten kann. Das Gesetz spricht auch von notwendiger Verteidigung, mit anderen Worten, ohne die Anwesenheit des Pflichtverteidigers läuft bei Gericht nichts. Er ist also ein unverzichtbarer Verfahrensbeteiligter, gleichzeitig aber natürlich auch (nur) ein Mensch, dem aus diesem oder jenem Grunde einmal der Kragen platzen kann.

Gerichtliches Schreiben an einen Rechtsanwalt:

In pp. haben Sie sich nach Ablegen von Robe und Krawatte als Pflichtverteidiger zur Unzeit während der noch andauernden Hauptverhandlung aus dem Sitzungssaal entfernt. Ich ersuche Sie, solche Verhaltensweisen künftig zu vermeiden. Ob weitere Maßnahmen erfolgen, soll nach Anhörung der Staatsanwaltschaft entschieden werden.

Brief eines Verurteilten:

Hiermit reiche ich gegen den Staatsanwalt X das Rechtsmittel der Dienstaufsichtsbeschwerde ein. Denn es kann nicht angehen, daß sich ein Staatsanwalt derart aufspielt, wie es der Staatsanwalt X in der Hauptverhandlung getan hat.

Auf meine Aussage hin: Ich sei froh, nicht mit einer Italienerin verheiratet zu sein, denn dann wäre ich schon wegen der Nichtbegleichung meiner Schulden erschossen worden von der italienischen Mafia, und das mit Duldung der deutschen Justiz.
Auf diese meine Worte hin geriet der Staatsanwalt X derart in Rage, daß ich die Befürchtung hatte, der Mann bekäme gleich einen Herzinfarkt.
Ich könne nur froh sein, das waren daraufhin die Worte des Staatsanwalts, einen so verständnisvollen Richter gefunden zu haben, er selbst hätte mich zu einer höheren Strafe verdonnert.
Mit was für einem Recht???

In der Teilnahme an einem Täter-Opfer-Ausgleich sehen Erziehungsberechtigte für straffällig gewordene Zöglinge in aller Regel nicht nur eine gute Möglichkeit zur Auseinandersetzung mit der Tat und ihren Folgen, sondern insbesondere auch eine Chance zur Vermeidung härterer Sanktionen, wie etwa Freizeitarrest – es sei denn, die Eltern sind mit ihrem Latein am Ende und gehören in dieses Kapitel.
Aus einem Polizeibericht:

Der Vater zeigte sich sehr verärgert über das Verhalten seines Sohnes. Gegen ein mögliches Verfahren „Täter-Opfer-Ausgleich" habe er Bedenken. Vielmehr würde er es begrüßen, wenn seinen Sohn die Härte des Gesetzes treffen würde, nämlich eine Freiheitsstrafe, die er auch verbüßen müsse.

Wer beispielsweise die Geldbuße für eine Verkehrsordnungswidrigkeit partout nicht bezahlt, dem kann der Amtsrichter mit der Verhängung von Erzwingungshaft zu Leibe rücken.
Ein Betroffener empfand dies als

gröblichste Verletzung von Entwürdigung

und schäumte:

Ein Richter ist nicht dazu da, eine Straßenräuberei diktatorisch mit Geiselhaft durchsetzen zu wollen. Dann braucht die BRD

*kein Gericht, dann kann man den Kleinrentner gleich im Hun-
gerturm ermorden wie im Mittelalter.*

Eines Tages platzte auch einem Ermittlungsrichter beim Amtsgericht der Kragen. Aus einem Haftbefehl gegen einen ausländischen Drogendealer:

*Der Beschuldigte ist ohne festen Wohnsitz und hat mit einer
empfindlichen Strafe zu rechnen. Die Haft ist daher geboten
und auch verhältnismäßig, und dies insbesondere vor folgendem Hintergrund:*
*Die Strafverfolgungsbehörden erleben zur Zeit eine Invasion
von Dealern aus B. und Umgebung, die an die Heuschrecken-
plage in Ägypten aus dem Alten Testament zur Zeit von Moses
erinnert.*
*Die Buschtrommeln in B. sollen folgende Botschaft verkünden:
Wer unter Mißbrauch unseres Gastrechts beim Drogenhandel
erwischt wird, wandert automatisch in den Knast, zumindest
hier und mindestens bis zum Urteil I. Instanz.*

Als der Vorsitzende einer Strafkammer um Stellungnahme zu
einem Gnadengesuch gebeten wurde, da lief offenbar vor
seinem geistigen Auge noch einmal alles ab: all die mühsam
errungenen Urteile, all die als Versprecher entlarvten Versprechen auf die Zukunft, all die Rückfälle und enttäuschten Be-
währungshoffnungen, und dann, ja, dann überkam den Richter
ein gerechter Zorn und fuhr es ihm wie folgt aus der Feder:

*Ich widerspreche jedwedem Gnadenerweis! Haltloser und un-
verbesserlicher Straftäter!!*

Dieses aktenkundige Beben wäre auf der bekanntlich nach
oben offenen Richter-Skala gewiß etwas sanfter ausgefallen,
wenn der Betreffende, wie dies ein anderer hier tat, nur einmal
wirklich schonungslos sein bisheriges

Assulbsahles verhalten

bereut hätte.

Ehe Sie lange rätseln, es soll „asoziales" heißen.

Dann zeigt sich auch die Staatsanwaltschaft schon mal milde gestimmt und nimmt eine Berufung, mit der sie an sich die Versagung einer Strafaussetzung zur Bewährung erreichen wollte, mit folgender Begründung zurück:

Durch sein Verhalten nach der erstinstanzlichen Verurteilung hat der Angeklagte gezeigt, daß er einen Lebenswandel anstrebt und es sich nicht lediglich um leere Versprechungen handelt.

18. Prima Fahrziel

Auch diesmal will ich wieder einige Stilblüten präsentieren, die in erster Linie durch Hörfehler oder Fehlvorstellungen bei den die Diktate umsetzenden Schreibkräften entstanden sind.

So bedurfte ein Hauptverhandlungsprotokoll der Berichtigung. In der Scheide der Zeugin waren nämlich Spermien gefunden worden, nicht etwa

Sperrminen.

Kommen einem Standesbeamten Zweifel, ob das erschienene Paar wirklich eine Ehe im Sinne des Bürgerlichen Gesetzbuches schließen will, so schaltet er das Amtsgericht ein.
Dieses hatte hier der Frage nachzugehen, ob nicht vielmehr eine sogenannte Scheinehe zwischen einer Deutschen und einem Ausländer beabsichtigt war, die einzig und allein dem Zweck dienen sollte, ihn vor Ausweisung und Abschiebung zu schützen, ohne daß die Partner überhaupt zusammen leben wollten.
Aus dem Anhörungsprotokoll des Verlobten:

Es ist richtig, daß ich vor einem Jahr schon einmal heiraten wollte. Es hat dann jedoch einen Konflikt gegeben und deshalb sind wir auseinander gegangen. Das sollte aber keine Scheinehe sein.
Wenn ich gefragt werde, ob ich nicht ziemlich schnell meine Beute wechsle, dann sage ich dazu ...

Diktiert war „Bräute".

Wenn in einem anwaltlichen Schriftsatz die Rede ist von einem „adäquaten Auto" und wenn es sich dabei vielleicht um die Marke handelt, die standesgemäß auch der Chef bevorzugt, so kann es passieren, daß der Adressat des Schriftsatzes sich verdutzt fragen muß, was denn das wohl ist, ein

advokates Auto.

Die Beweislast im Zivilprozeß wird gemildert durch den sogenannten Beweis des ersten Anscheins oder auch prima-facie-Beweis, wie es in der gehobenen Juristensprache heißt, und genau der bedient sich nun mal ein Anwalt, wenn er etwas auf sich hält ...

Der Kläger hat nicht unvermittelt auf der Fahrbahn angehalten, sondern der Beklagte hatte einen ungenügenden Sicherheitsabstand eingehalten und ist aus diesem Grunde und infolge überhöhter Geschwindigkeit auf das Fahrzeug des Klägers aufgefahren. Nach alledem war der Unfall für den Kläger unabwendbar. Dies ergibt sich im übrigen auch schon als Prima-Fahrziel-Beweis.

Womit zugleich unter Beweis gestellt worden war, was hier eine andere Anwaltskanzlei bereits in ihrem Briefkopf versichert:

Etiam aliud possumus.

Zu deutsch: Wir können auch anders.

Ein Hauch von Scherz auch im folgenden Fall:

Sehr geehrter Herr Professor,
ich wäre Ihnen sehr verbunden, wenn Sie mir zu den Vorwürfen des Patienten eine Stellungnahme zukommen lassen könnten, die sich insbesondere auf die Kontroverse um die Behandlungsbedürftigkeit der Hälfte des Patienten beziehen sollte.

Neue Ideen zur Kostendämpfung im Gesundheitswesen waren aber nicht erprobt worden. Der Patient hatte über Schmerzen in der Hüfte geklagt.

Im Zusammenhang mit Schwarzarbeit sprach jemand einmal treffend von einem

foultime Job

Kommen wir jetzt zu einem groben Foul der Dienstaufsicht. Notare unterstehen der Dienstaufsicht des jeweiligen Landgerichtspräsidenten. Regelmäßig werden die „Amtsgeschäfte" der Notare von dazu beauftragten Richtern geprüft. In einem Fall deckte die Prüfung ein Chaos auf. Der Prüfungsbericht enthielt 79 akribisch beschriebene Beanstandungen. Doch damit nicht genug. Unter Ziffer 80 mußte der Notar auch noch folgendes lesen:

Hält man sich vor Augen, daß auf dem Schreibtisch, neben dem Schreibtisch, auf den Stühlen und auch sonst im Zimmer insgesamt 22 jeweils etwa 50 cm hohe „Berge" völlig ungeordneter Papiere lagen, nimmt es kein Wunder, daß der Notar in mehr als 30 Fällen zur Erledigung Jahre benötigt hat, wie hiermit zu den obigen Beanstandungen nachgetreten wird.

Diktiert war „nachgetragen".

Oberstaatsanwalt wird OStA abgekürzt. Schon im letzten Buch hatte ich auf lautmalerische Verwechslungsgefahren hingewiesen. Hier ist es nun förmlich zu einem GAU gekommen. Vermerk der Staatsanwaltschaft:

Meine heutige telefonische Rücksprache mit Herrn Osterkröger von der Generalstaatsanwaltschaft (Vertreter des ordentlichen

Dezernenten Osterkapplinghaus) ergab, daß dort lediglich ein Berichtsstück, aber weder die verfügte Berichtsabschrift für den Gester noch die als Anlage verfügte Anklageablichtung eingegangen sind.

In diesem Zusammenhang erklärte Herr Osterkröger, er habe bereits heute mit Herrn Osterfitz vereinbart, daß ein neuer Bericht erstellt werde.

An der Ostergeschichte fasziniert mich vor allem dieser unerschütterliche Glaube der Schreibkraft, es mit einem wahren Nest von Osternamen zu tun zu haben.

Gester bedeutet übrigens Generalstaatsanwalt, abgekürzt GenStA.

Einen Streit gar nicht erst so weit ausufern zu lassen, daß er vor Gericht ausgefochten werden muß, das ist das Ziel von Mediation. Darunter versteht man die Vermittlung zwischen Streitenden, also etwa Scheidungswilligen oder Erben. Immer mehr Rechtsanwälte spezialisieren sich auf diesem Gebiet, dessen Bezeichnung jedoch noch nicht jedermann geläufig ist. So mußte eine Rechtsanwältin in einer von ihr in Auftrag gegebenen und gewiß nicht preiswerten Zeitungsanzeige entsetzt zur Kenntnis nehmen, sie biete in ihrer Kanzlei

Meditation

an.

In einer Jugendschutzsache sah sich ein Richter veranlaßt, dem Angeklagten, der ein Faible für kleine Jungs hatte, eine Mahnung mit auf den Weg zu geben, und diktierte in sein Urteil: „Der Angeklagte wird dringend etwas gegen seine pädophilen Neigungen unternehmen müssen."

Wer aber weiß schon immer auf Anhieb, was Pädophilie ist, und so las der Richter in der Urteilsreinschrift, der Angeklagte werde dringend etwas gegen seine *pädagogischen Neigungen*

unternehmen müssen.

Aus einer Verkehrsunfallanzeige der Polizei:

Nach eigenen Angaben hatte die Fahrerin heute eine oder zwei Tabletten eines Medikaments für ihren Bluthochdruck eingenommen. Telefonische Rücksprache mit dem behandelnden Arzt ergab, daß es sich bei dem Medikament um einen „Wetterblocker" (med. „BELOC-ZOKNITE") handelt.

Das Medikament BELOC ist ein sogenannter Betablocker.

Aus einem anwaltlichen Schriftsatz:

Die Beschuldigte fungierte mit Nichten als Geschäftsführerin der Firma. Vielmehr oblag die gesamte Geschäftsführung einem Herrn Neumann.

Also so eine Art Vetternwirtschaft.

Wenn Sitzungen gleich reihenweise ausfallen, so erzeugt dies unter den vergeblich Erschienenen – trotz Bombenstimmung – nicht gerade Frohsinn. Man könnte sie sich eher pikiert vorstellen.

Richterlicher Vermerk:

Das Gerichtsgebäude war heute vormittag wegen einer Bombendrohung mehrere Stunden geräumt. Es konnte daher nicht festgestellt werden, ob die Beleidigten erschienen waren.

Diktiert war „Beteiligten".

Ein Dolmetscher war in einer Hauptverhandlung vom Vorsitzenden belehrt worden, er habe, wie § 189 GVG es umschreibt, treu und gewissenhaft zu übertragen. Der Protokollführer schrieb indes:

Der Dolmetscher wird belehrt, nach Treu und Glauben zu übersetzen.

In weiteren, offenbar nicht korrigierten Anwaltsschriftsätzen fand sich

einstweilige Verfügung

statt Einstellungsverfügung,

Entscheidungspfändung

für Entscheidungsfindung (andererseits können Urteile „kassiert" werden, warum nicht auch gepfändet?) und schließlich, verursacht wohl durch schlechte handschriftliche Vorgabe,

drogenhaft siziert

anstelle von diagnostiziert.

Eine Brauerei als Verpächterin einer Gaststätte war mit dem Engagement der Kneipenwirtin nicht zufrieden gewesen, hatte ihr deshalb kurzerhand gekündigt und wollte nun noch auf dem Klagewege Geld sehen mit der Begründung, die Wirtin habe weder Werbung betrieben noch sich sonst erkennbar um neues Publikum bemüht, vielmehr vorhandene Gäste mit mangelhaftem Service vergrault und einen dementsprechend miserablen Getränkeumsatz erzielt.

Die ob dieser Vorwürfe aufgebrachte Wirtin nahm sich einen Anwalt, der nun kräftig dagegen hielt. Um darzulegen, daß den geschätzten Gast in Wahrheit sehr wohl ein reichhaltiges Getränkesortiment erwartet und die Mandantin mithin erstklassigen Service geboten habe, argumentierte er in der Klageerwiderung: „Sie vertrieb alle in Biergaststätten üblichen Alkoholika."

Im Schriftsatz, der bei Gericht einging, stand allerdings:

Sie vertrieb alle in Biergaststätten üblichen Alkoholiker.

Was der Laie ein Eigentor nennen mag, ist in der Juristensprache ein nicht minder peinlicher Tatbestand: die gegnerische Klage war nämlich durch eigenen Sachvortrag schlüssig gemacht worden. Das Gericht bewies jedoch Humor und legte den Lapsus nicht zulasten der Wirtin aus.

19. Aus der Tierwelt

Aus einer Zeugenvernehmung:

Mein Mann, meine Söhne und ich standen an der Straßenecke und brannten Silvesterfeuerwehr ab. Währenddessen kam der Herr X aus Richtung Marktplatz. Bei Herrn X war eine männliche, mir unbekannte Person und eine Art Schäferhund. Diese kamen auf uns zu. Beide meckerten uns schon an.

Löschfahrzeuge sollte man in der Tat unangetastet lassen.

Hunde sind sensible Mitgeschöpfe, die durchaus einen gewissen Ehrenschutz für sich beanspruchen können.

Herr B gab an, daß es zu der Auseinandersetzung kam, weil die Jugendlichen ständig seine Hunde und seine Lebensgefährtin beleidigen würden.

Als ursprüngliche Rudeltiere fühlen Hunde sich in geselliger Runde mit Herrchen besonders wohl.
Aus einem Sachverständigengutachten:

Herr L nimmt in Abrede, alkoholkrank zu sein. Er trinke nur gelegentlich mit seinen beiden Schäferhunden 1–2 Biere in seiner Gartenlaube.

Auch im folgenden Fall kommt ein beachtenswertes Wirgefühl zum Ausdruck.
Bericht eines Polizeibeamten:

Gegen 19.30 Uhr joggte ich mit meinem Hund um den See. Vor einer Wegegabelung leuchtete mir ein unverwechselbarer grellgelber Motorroller entgegen. Zwei Personen stiegen gerade

ab. Ein Mädchen entfernte sich in Richtung Badestelle. Ein jun-
ger Mann schimpfte offensichtlich mit dem Motorroller und lief,
nachdem er mich erblickt hatte, hinter dem Mädchen her.
Das Fahrzeug, das einen Plattfuß hatte, erkannte ich sofort wie-
der und ordnete es zum Sachverhalt des o.a. Aktenzeichens ein.
Nach etwa 150 Metern holten wir die sich entfernenden Perso-
nen ein. Der junge Mann, der mich als Polizeibeamten wieder-
erkannt hatte, weigerte sich, mit zu seinem Kraftfahrzeug zu
kommen, um dieses aus dem Wald zu entfernen. Durch die
Töne meines Hundes wurde er offensichtlich überredet, mei-
nem Wunsch Folge zu leisten.

Daß ein Hund bei Klärung eines Falles manchmal tatsächlich
ein Wörtchen mitzureden hat, entsprach anscheinend auch der
Überzeugung des Amtsgerichts Lübeck, das in einem Strafverfahren Diensthund Fedor (in den Akten abgekürzt als DH
Fedor) kurzerhand als Zeugen einer Schlägerei vorgeladen
hatte, was prompt in der Bild am Sonntag stand. Immerhin
wurde dem braven Tier abverlangt, seinen Personalausweis mit-
zubringen.

Vorladung
Zum Jaulen: die Vorladung
des Amtsgerichts Lübeck an
Diensthund Fedor

Das Amtsgericht dürfte das Nichterscheinen des Zeugen allerdings verschmerzt haben und DH Fedor trotzdem noch ein hohes Tier bei der Polizei geworden sein.

Der Stellenwert eines Diensthundes wird aber unterschiedlich beurteilt.
Aus dem Schriftsatz eines Verteidigers:

Es kann nicht nachvollzogen werden, wenn die Staatsanwaltschaft meint, daß aufgrund des einsatzbereiten Diensthundes der Zeuge es nicht wagen würde, den Beamten anzugreifen. Wenn das so wäre, dann würde ein Hundeführer im Dienst niemals angegriffen werden. Das Gegenteil ist aber normal und üblich.

So ein Diensthund ist also mancherlei beruflichen Gefahren ausgesetzt.

Man kann nicht davon ausgehen, daß der Diensthund sozusagen aus niederen Beweggründen oder aus Spaß gebissen worden ist.

Bei Jagdhunden ist das Anforderungsprofil natürlich ein anderes. Wenn Herrchen sein Tier in einer Fachzeitschrift sogar mit dem Prädikat „sehr gut auf Schweiß" feilbietet, sind die Erwartungen beim erwerbenden Jäger entsprechend groß.
Der ist dann zwar gewillt, es zunächst noch dem Trennungsschmerz zuzuschreiben, wenn ruchbar wird,

daß die Brandelbrackenhündin keineswegs zimmerrein war, sondern Urin und Exkremente sowohl im Wohnraum als auch im Auto hinterließ.

Verrat, ja, Betrug beginnt man indes zu wittern, wenn dies passiert:

Am Saupark angelangt, mußte der Mandant feststellen, daß es der Brandelbrackenhündin nicht möglich war anzuschlagen.

Die Hündin hatte keine Stimme und krächzte lediglich, als sie die Sauen hinter dem Gitter sah.
Daraufhin überprüfte der Mandant die für einen Jagdhund notwendige Raubzeugschärfe bei der Brandelbrackenhündin. Dies erfolgte dergestalt, daß der Hündin eine in einen Käfig eingesperrte Katze gezeigt wurde. Auch diesmal schlug die Hündin nicht an, sondern zeigte sich von der Katze völlig un berührt und ignorierte sie.
Sowohl die fehlende Stimme als auch die mangelnde Raubzeugschärfe stellen bei einem Jagdhund gravierende Mängel dar und zeigen, daß er für die Jagd völlig untauglich ist.

Derart auf den sanften Hund gekommen, lag der Ruf nach dem Staatsanwalt nicht fern.

Hunde sind sehr stark auf Herrchen und Frauchen fixiert und jederzeit bereit, für sie in die Bresche zu springen. Irritierende Aktionen und Eigenlaute, die Hunde gar in einen vermeintlichen Rettungseinsatz treiben könnten (zugunsten des gerade unten Liegenden, aber keineswegs Unterlegenen), sollte man deshalb in Gegenwart der Tiere grundsätzlich unterlassen. Ich bin sicher, daß Sie verstehen werden, was ich meine.

Aus einem Polizeibericht:

Am Sonntag um 03.55 Uhr teilte Herr Meier fernmündlich mit, daß seine Frau die Polizei wünscht, weil er sie geschlagen hätte. Der Tatort wurde umgehend aufgesucht.
Die Eheleute bewohnen (grundsätzlich) ein Einfamilienhaus. An dem Gartentor erwartete uns Herr Meier, bekleidet lediglich mit einem Minislip; Außentemperatur + 3 °C.
Entgegen unserer Erwartung führte er uns nicht zum Haus, sondern zu einem in der Einfahrt aufgestellten Wohnwagen. Hier stießen wir auf Frau Meier.
Während Frau Meier laut keifend versuchte, uns einen Sachverhalt mitzuteilen, sortierte Herr Meier in ruhigem Ton die

Zusammenhänge. Demnach dürfte sich folgendes abgespielt haben:

Die Eheleute waren am Abend in einer Gaststätte und hatten dort tolle Musik gehört. Um diesen schönen Abend zu krönen, beschlossen beide, im Wohnwagen Sex zu machen. Dies war soweit auch ganz toll. Irgendwann wurde es Frau Meier zu kalt. Sie wollte ins Haus. Dies wollte ihr Mann nicht. Es kam zum Streit. In dessen Verlauf hat Herr Meier seiner Frau ins Gesicht geschlagen. Ihr rechtes Jochbein war geschwollen.

Frau Meier verließ den Wohnwagen. Draußen war es ihr offensichtlich ein Bedürfnis, uns durch Aufreißen ihres Mantels ihre Nacktheit zu beweisen.

Frau Meier stellte ausdrücklich keinen Strafantrag gegen ihren Mann.

Die Situation wurde verständlicher, als Frau Meier die Haustür öffnete und ihre zwei großen Hunde auf den Hof ließ.

Nackte Tatsachen, von denen Frau Meier hier soeben eine kurze Kostprobe bot, können bei Hunden übrigens zu unerwünschter Animation und Schwangerschaft führen. Um letztere und deren Folgen ging es in einer Zivilklage.

Eine läufige Schäferhündin, die bereits einem reinrassigen Artgenossen zu Zuchtzwecken versprochen war, wurde, um eine ungewollte Schwängerung durch einen Nebenbuhler zu verhindern, ausschließlich im Haus gehalten. Eine Antikonzeption mit Risiken.

Frau A, die Tochter der Klägerin, befand sich allein im Haus. Die Hündin lag im Hausflur, Frau A duschte im Badezimmer. Weil es sehr warm war, hatte die Zeugin ganz wenig die Glasschiebetür im Wintergarten geöffnet. Die Tür war nur einen spaltbreit von maximal 10 cm geöffnet.

Durch die spaltbreit geöffnete Schiebetür war der Mischlingsrüde des Beklagten, von dem eigentlich nicht erwartet werden konnte, daß er durch diesen schmalen Spalt hindurchgelangen könnte, ins Haus gekommen. Er hatte nicht nur den Wintergarten, sondern auch das Wohnzimmer durchquert und war zu der Hündin im Flur gelangt. Es gab dann im Haus eine Bellerei, die Frau A alarmierte. Diese sprang unter der Dusche unbekleidet hervor, lief in den Hausflur und vertrieb den Hund des Beklagten aus dem Haus. Die Hündin der Klägerin, die bei dieser Gelegenheit aufgrund des Entkleidetseins der Zeugin nicht zu halten war, lief hinterher.

Angesichts dieser Zwangsläufigkeit ahnt man schon das Ende.

Im Garten kam es dann zum Deckakt.

Während der Mischlingsrüde bestrebt gewesen sein dürfte, seine Mission auf feindlichem Terrain so rasch wie möglich zu erfüllen, hatte sich für Frau Meier das Ganze eindeutig zu lange hingezogen. Es gibt jedoch Methoden, wie von vornherein auf ein knappes Zeitkontingent aufmerksam gemacht werden kann. Versöhnliche Gesten in Form drolliger Redewendungen weiß der Partner dabei besonders zu schätzen.

Aus einem Urteil:

Der Angeklagte wollte mit der Zeugin den Geschlechtsverkehr ausführen. Auf seinen Wunsch entgegnete sie ihm: „Hoppel mal schnell drüber, ich will noch lesen!"
Über diese Äußerung war der Angeklagte, der sich insbesondere auf sexuellem Gebiet gut mit der Zeugin verstand, tief betroffen.

Oder man einigt sich auf ein numerisches Prinzip.

Ich habe dem Beschuldigten klipp und klar gesagt: dreimal die Woche und nicht mehr.

Im letzten Hundefall ging es übrigens auch um Reparaturkosten für die Haustür, an der der Mischling rüde gekratzt hatte, als er zunächst dort Einlaß begehrte.

Dabei können Spuren animalischer Zügellosigkeit manchmal sogar auf dem Fuß folgen.

Text auf einem Anhänger für australische Schuhe:

Sie haben ein Modell aus Echtem „KÄNGURUH GEKAUFT".
Das Dänguruh Leder hat natürliche Schrammungen, die wom wilden Liebe des Känguruh verursacht sind. Alles was aus Känguruh Leder gemacht wird ist mit Wissen und Liege hergestellt, es ist außerdem ganz wertvoll und entspricht Ihren Wünschen.

Meist ist es jedoch die Strafe, die auf dem Fuße folgt. Das Ergebnis kann Ziegenleder sein.

Aus dem polizeilichen Abschlußvermerk in einem Fall, in dem ein entwichener Ziegenbock allerlei Unsinn angestellt hatte:

Der Tierhalter ist Pächter einer Gaststätte. Hierzu gehört eine kleine Weide, auf der er unter anderem Ziegen hält. Mir ist bekannt, daß diese gelegentlich ausbrechen.
Vom Anwalt des Pächters habe ich erfahren, daß der Ziegenbock aufgrund des Vorfalles geschlachtet wurde (Verstoß gegen Art. 102 GG ??).

Und was steht in Artikel 102 des Grundgesetzes? „Die Todesstrafe ist abgeschafft."

Die Verfassung tragen unsere Ordnungshüter natürlich nur symbolisch unter dem Arm mit sich herum. Trotzdem wird der Grundrechtskatalog im Ernstfall erstaunlich exakt beherrscht und beherzigt.

Beispiel: Glaubens- und Bekenntnisfreiheit, Art. 4 GG.

Aus einem Schreiben der Polizei:

Zur o. a. Zeit wurden Sie durch die Polizei kontrolliert. Hierbei wurden in Ihrem Besitz zwei tote Bussarde vorgefunden, die angeblich an der Autobahn gelegen haben. Beide Vögel unterliegen dem Jagdrecht und fallen somit unter den Begriff der Jagdwilderei, wenn jemand sich die toten Tiere ohne Genehmigung, also rechtswidrig, zueignet.
Äußern Sie sich bitte zu dem Vorhalt der Jagdwilderei.

Man hatte die Bussarde also mitgehen lassen, und zwar in jedweder Ausdeutung dieser Redewendung.

Was war vorgefallen? Wir erfahren die Vorgeschichte aus diesem polizeilichen Bericht:

Auf dem Autobahnparkplatz überprüften wir einen dort stehenden Pkw Opel Kadett, weil sich zwei Männer am bzw. im Pkw verdächtig verhielten.

Im Fahrzeug roch es stark nach verbrannten Cannabisprodukten.

Eine Durchsuchung der Personen und des Fahrzeugs verlief negativ. Es wurden aber zwei tote Bussarde entdeckt. Beide Beschuldigten gaben an, daß es sich bei den Bussarden um überfahrene Tiere handelt, die sie aufgesammelt hätten. Im Fahrzeug wurde zur „Reinigung" der Tiere Salbei verbrannt. (Der Geruch ähnelt stark dem von verbrannten Cannabisprodukten.) Dies sei Teil einer religiösen Handlung. Beide Beschuldigten sind Anhänger der Religion „Sonnentanzweg", auch „roter Weg" genannt.
Es handele sich dabei um eine Naturreligion, die aus den USA, South Dakota, von einem dort lebenden Indianerstamm namens Lakota stammt und in Deutschland weitgehend unbekannt ist.
Um die Religionsausübung nicht zu behindern, wurden die toten Bussarde der Gattung Buteo Buteo belassen.

Neben den beiden Bussarden war hier meines Erachtens noch ein dritter Vogel zu beklagen, und zwar der, den die Beamten abgeschossen hatten.

20. Schweine – wilde, fette, große, kleine

Aus der Strafanzeige einer Altenheimbewohnerin:

Alle drei wollen den Diebstahl meiner Kleidungsstücke bestreiten und vertuschen.
Ich habe wegen der massiven Lügerei und Abstreiterei bereits 3 „Lügenschweine" gemalt, um mich irgendwie abzureagieren.

Ich hätte mir – und Ihnen – zu gern ein Bild von den Schweinen gemacht, doch leider lagen sie dem Vorgang nicht bei.

Amtliche Bekanntmachung in der Braunschweiger Zeitung:

STADT WOLFENBÜTTEL

Bekanntmachung über die Auslegung des Wählerverzeichnisses und die Erteilung von Wahlscheinen für die Direktwahl des Bürgermeisters in der Stadt Wolfenbüttel am 12. März 2000

1. Das Wählerverzeichnis zur Direktwahl des Bürgermeisters in der Stadt Wolfenbüttel liegt in der Zeit vom 21. bis 25. Februar 2000 während der Dienststunden von 8 Uhr bis 12 Uhr, am 24. 2. 2000 bis 18 Uhr im Rathaus, Wahlamt, Stadtmarkt 3–6, aus. Das Wählerverzeichnis wird im automatisierten Verfahren geführt. Wählen kann nur, wer in das Wählerverzeichnis eingetragen ist oder eine Wahlschein hat.

2. Wer das Wählerverzeichnis für unrichtig oder unvollständig hält, kann während der Auslegungsfrist, spätestens am 25. Februar 2000 bis 18 Uhr, beim Wahlamt schriftlich oder zur Niederschrift Einspruch einlegen.

Wer eine Wahl gewinnt, hat meistens auch Schwein gehabt, dem Verlierer dagegen ist es abhanden gekommen. Völlig berechtigt deshalb noch dieser Hinweis:

> schwierigkeiten moglich macht, kann der Antrag noch bis zum Wahltage, 15 Uhr, gestellt werden.
> **Verlorene Wahlschweine werden nicht ersetzt.**
> Nicht in das Wählerverzeichnis eingetragene Wahlberechtigte können aus den unter Nr. 5.2 Buchstaben a) bis c) angegebenen Gründen den Antrag auf Erteilung eine Wahl ines noch his

Anzeige aus dem Jahr 1984:

Btr.: Kuraufenthalt, verordnet von der Landesversicherungs-anstalt

Im März soll ich eine Kur antreten. In schriftlichen Verordnungen und auf telefonische Anfrage wurde mir mitgeteilt, daß meine Ehe in dieser Zeit getrennt wird (vier Wochen oder länger). Auf direkte Anfrage auf Besuch und Geschlechtsverkehr mit meiner Frau wurde ich von der Telefondame in der Kureinrichtung als „altes Ferkel" bezeichnet.
Ich stelle Strafantrag wegen Nötigung und Freiheitsberaubung. Die AOK zwingt mich zur Kur oder Krankengeldentzug.

Das leitet über zum Oldenburger Schweinemastprozeß, ging es doch auch dort zunächst um ein Ferkel, allerdings ein junges. Tierische Streitgegenstände sind offenbar hervorragend geeignet, einen Richter zur poetischen Ader zu lassen.
(AG Oldenburg, SchlHA 1987, 15)

Tatbestand

Die Klägerin liebt Schweinebraten –
besonders, wenn er billig ist –,
drum hat der Onkel ihr geraten:
„Kauf dieses süße Ferkelchen
von mir für hundert Märkelchen –
wenn das nicht superbillig ist! –

145

ich mäste es im Koben hier
und du ersetzt das Schrotgeld mir!"
Der Freund, befragt, hält's auch für billig
und einen guten Tip fürwahr,
und ohne Murren zahlt er willig
zweihundert Mark gleich schon in bar.

Das Ferkelchen bleibt lange klein,
will gar nicht gerne schlachtreif sein,
statt nur vier Monat, wie gedacht,
benötigt es beinahe acht.
Ums Schrotgeld nun für diesen Braten
ist man sich in die Haar' geraten.
Für's Angebot, das sie gemacht,
hat sie der Onkel ausgelacht:
„Noch zwanzig Mark, das reicht nicht aus,
dann bleibt das Schwein bei mir zu Haus.
Ich werd es für mich selber schlachten
und in die Tiefkühltruh' verfrachten!"
so spricht der Onkel, der besagte,
im Rechtsstreit nunmehr der Beklagte.
Gesagt getan, das fette Schwein,
paßt grad noch in die Truhe rein!

Die Klägerin nun voller Groll,
beantragt: Der Beklagte soll
ihr gutes Geld ihr wieder geben,
nachdem das Schwein nicht mehr am Leben!
Doch der Beklagte wendet ein:
„Die Klag' wird abzuweisen sein.
Den Preis hat mir der Freund entrichtet
und ihm allein bin ich verpflichtet,
und außerdem rechne ich auf
mit meinem Schaden aus dem Kauf!
Viel Arbeit und der Schlachterlohn,
das kost' zweihundert Märker schon."

Von all den Zeugen, die gekommen
hat das Gericht nur drei vernommen.
Sie wußten alle gut Bescheid
und dienten der Gerechtigkeit.

ENTSCHEIDUNGSGRÜNDE

Lang dacht' ich nach und angespannt
und hab' alsdann für Recht erkannt:
Zur Hälfte ist wohl grade eben*
dem Klagantrag hier stattzugeben.

Die Klägerin war mit dabei
bei Schweinekauf und -mästerei,
die Geldhingabe nur allein
kann doch wohl nicht entscheidend sein.
Es muß ihr unbenommen bleiben,
das Geld nun wieder einzutreiben (§ 428 BGB).

Sie hat ja auch ein Recht darauf,
weil er erfolglos blieb, der Kauf (§ 812 BGB).
Doch dem Beklagten umgekehrt,
ist es mit Recht dann nicht verwehrt,
zu rechnen auf mit dem Verluste,
den er dabei hinnehmen mußte:
denn Fleischbeschau und Schlachterkosten
das sind ja wohl die beiden Posten,
die eigentlich und immerhin
bezahlen müßt die Klägerin.
Hätt' die Vertragspflicht sie gewahrt,
dann hätte er das Geld gespart.

Weil keine hat gewonn' von beiden
drum haben – das ist einzusehen –
sie beide auch gleich stark zu leiden
und für die Kosten einzustehn.
An das Gericht zahlt jeder zwar

---

* *104 DM.*

die Hälfte nur von den Gebühren,
doch seinem Anwalt – das ist zu spüren –
zahlt jeder selbst das volle Honorar (§ 92 ZPO).

So wurde aus dem Ferkelchen
für ach nur hundert Märkelchen
– so billig sollt es sein –
ein furchtbar teures Schwein!

Und die Moral von der Geschicht:
Um Kleinigkeiten streit' man nicht,
zieh' jedenfalls nicht vors Gericht!
Das gilt nicht nur in diesem Fall,
das gilt beinahe überall.
Sonst kann Gerechtigkeit auf Erden
ganz unerfreulich teuer werden!

In einer Strafanzeige hören wir:

Der Beschuldigte hält auf einer Weide hinter seinem Haus 14 Zuchtsauen und einen Eber. Die Weide ist mit einem Stacheldrahtzaun umfriedet, das Lattentor mit einer Kette abgeschlossen. Zur Tatzeit drückte der Eber das Weidetor auf, lief auf das angrenzende Grundstück und biß den Nachbarn in den Oberschenkel.
Einem hinzueilenden Zeugen gelang es, den Eber zu vertreiben. Der Geschädigte wurde vom Notarztwagen zum Krankenhaus verbracht.

Harmlos sind Hausschweine also keineswegs, allerdings weit eher in der Lage, die brave Unschuld vom Lande zu mimen.

Der Beschuldigte:

Ich fuhr sofort von meiner Arbeitsstelle nach Hause. Die Polizisten sagten, der Eber sei in Richtung Landstraße gelaufen. Dort fand ich ihn aber nicht. Darauf erklärten die Polizisten, jetzt die nähere Umgebung abzufahren. Ich selbst habe unmittelbar am Haus nachgesehen und stellte dann fest, daß der Eber bereits wieder auf der Weide war. Er lag in einem Abfallhaufen und schlief.

21. Wer den Schaden hat

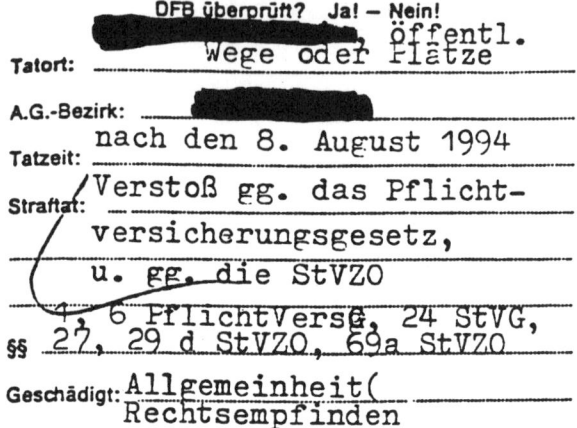

Strafanzeige

DFB überprüft? Ja! – Nein!

Tatort: ~~████████~~ Wege oder Plätze, öffentl.

A.G.-Bezirk: ~~████████~~

Tatzeit: nach den 8. August 1994

Straftat: Verstoß gg. das Pflicht-
versicherungsgesetz,
u. gg. die StVZO

§§ 1, 6 PflichtVersG, 24 StVG,
27, 29 d StVZO, 69a StVZO

Geschädigt: Allgemeinheit (
Rechtsempfinden

Ausschnitt aus einem Lebenslauf, der in einem Gutachten referiert wurde:

Während der folgenden acht Monate habe sie in der Wohnung der Pflegeeltern ein eigenes kleines Zimmer von 6 qm bewohnt. Da sie neue Möbel haben wollte, sei sie mit ihrer Bitte zum Pastor gegangen.
Während die Pflegeeltern in Urlaub gewesen seien, seien die neuen Möbel geliefert worden. Es habe sich um eine Spende der Kirche gehandelt. Bei Rückkehr der Pflegeeltern aus dem Urlaub habe es dann „geknallt". Anschließend sei sie in ein Mädchenwohnheim gekommen, wo sie ein eigenes Zimmer mit Schlüssel erhalten habe. In dieser Zeit habe sie in unregelmäßigen Abständen eine Wochenendarbeit oder Urlaubsvertretung

in einem Altenheim aufgenommen. Der Pastor habe sie jeweils hin- und zurückgefahren.
Die Arbeit während dieser Zeit wird als „schön" bezeichnet. Die Tätigkeit habe sie allerdings wieder aufgegeben, und zwar wegen sexueller Differenzen mit dem Pastor.

Wir sehen also, Hilfsbereitschaft ist, beruflich wie privat, oft erfreulich ausgeprägt, selbst lose Nächstenliebe kann sich hinzupaaren.

Wenn allerdings Wesentliches fehlt, wird sich auch eine noch so liebevoll gestaltete Partnerschaft auf Dauer als untauglich entpuppen, immer verbunden mit der Gefahr nicht nur eines seelischen Absturzes.
Aus dem Polizeibericht über einen Mann, der auf einem Hausdach randaliert hatte:

Der Beschuldigte habe, so die Zeugen, seine selbstgebastelte Freundin mit auf dem Dach gehabt. Es handelt sich hier um eine lebensgroße Puppe, die u. a. mit einem Kleid, einem Shirt und Schuhen bekleidet ist.
Diese wollte er mit einem Messer (21,5 cm Klingenlänge) umbringen. Sein Vorhaben habe er den anderen gegenüber laut geäußert, er werde seine Frau umbringen (abstechen) und habe auf diese (die Puppe) mehrmals eingestochen.

Groß sind die Erwartungen, wenn jemand in einem Hotel ein teures Wochenendarrangement bucht, welches auch die Genüsse auf einem Klassikfestival beinhaltet. Insoweit fiel auch alles zur Zufriedenheit des Kunden aus, nur bei der Koordination mit den leiblichen Genüsse haperte es, wie er (magen)-knurrend in seiner Anzeige beklagt:

Der Beginn des Festmenüs wurde mit 18.00 Uhr viel zu spät angesetzt, weil die um 18.45 Uhr bereitgestellten Taxen späte-

stens um 19.00 Uhr fahren mußten, wenn wir die Ballettauf-
führung um 19.30 Uhr noch erreichen wollten.
Die Gäste waren aber gerade erst beim Hauptgang Schweine-
medaillons angekommen, als wir zu den Taxen aufbrechen
mußten. Sportliche hatten vielleicht anderthalb Medaillons ge-
schafft, andere, wie ich, nur eines, und alles wanderte in den
Hausmüll; von Ersatz war keine Rede.

Schädigungen durch zur Unzeit benutzte Bratpfannen ereig-
nen sich weit häufiger, als gemeinhin vermutet.

Polizeiliche Strafanzeige:

Zwischen Mieter und Vermieter war es nach vorausgegangenem
Streit zu Handgreiflichkeiten gekommen. Dabei wurde eine
Bratpfanne eingesetzt; der Mieter erlitt leichte Verletzungen.

Der leidgeprüfte Eigentümer eines Hauses, der dies nach Räu-
mung durch seine Mieter in einem arg mitgenommenen Zustand vorgefunden hatte, schlußfolgerte in seiner Anzeige:

Die eingeschlagenen Türen zu den Schlaf- und Kinderzimmern
deuten auf Unzucht mit Minderjährigen, die vielen Besucher in
der zerstörten Wohnung deuten auf Zuhälterei, die beschädig-
ten Heizkörper deuten auf Schlägereien, und der verschmutzte
Teppich deutet auf unmäßige Feierei. Unmäßigkeit paßt zu
Gewalttätigkeit. Dazu paßt auch die rücksichtslose Abwälzung
der Folgen aus dem Mietverhältnis.

Gleichwohl hatten die Mieter das Fest der Liebe, in welcher
Form auch immer, offenbar regelmäßig zelebriert. Denn auf
dem Hof fand der Eigentümer, was er ausdrücklich betonte,
unter anderem die Reste dreier Weihnachtsbäume.
Schon früher, von bösen Ahnungen heimgesucht, hatte der
Eigentümer in dem Haus einmal nach dem Rechten sehen
wollen, aber:

Als ich klingelte, öffnete der Herr X. Sobald er mich sah, fiel er plötzlich auf die Knie und murmelte etwas Unverständliches, das Gesicht hielt er erhoben, und in seinen Augen standen Tränen, dabei aber auch etwas anderes, Gefährliches. Eine Begebenheit, die ich noch nicht erlebt hatte. Was hätte geschehen können, wenn seine Stimmung sich geändert und er mich angefallen hätte? Der Herr X ist ein großer und schwerer Mann, mit seinem Gewicht hätte er mich erdrücken können. Deshalb ging ich wieder.

Hier nun ein frustrierter Mieter:

Ein Heizkörper funzunirt nicht richtik der wirt nur lauwarm.

Wie prophezeite überdies ein bekannter Politiker angesichts gestiegener Preise zur Jahreswende 2001?

Die Strom- und Heizkostenabrechnung wird die Mieter eiskalt erwischen.

Auf technischem Gebiet geht der Trend bekanntlich hin zur Entwicklung immer effizienterer und trotzdem immer noch kleinerer Geräte. So prahlen manche Männer damit, daß gerade ihr Handy das kleinste sei. Es gibt aber auch Dinge, für die traditionell umgekehrte Vorzeichen gelten. Qualitätsnachweise werden allerdings nicht immer gern gesehen.

Auf meine Frage an die Geschädigte, warum sie nicht die Polizei gleich nach der Tat unterrichtet habe, entgegnete sie, sie habe einen Weinkrampf erhalten und sich für einige Minuten auf die Treppe gesetzt. Wörtlich sagte sie: „Ich habe ein Kindheitserlebnis gehabt, welches mir in diesem Zusammenhang wieder vor Augen stand. Ich war wohl 14 Jahre alt, als ich durch Zufall mit angesehen habe, wie ein Hengst eine Stute bestieg."
Auf meine Gegenfrage, daß dieses doch nicht so ungewöhnlich sei, antwortete die Geschädigte mir nach einigem Zögern:

„Nein, dieser Tatbestand selbst ist nicht so schlimm gewesen. Aber das Glied des Hengstes erinnerte mich an den Täter, vielmehr an sein gezeigtes erigiertes Glied, welches ungewöhnlich groß ist." Und daraufhin sei sie von Ekel erschüttert worden und habe sich erbrochen.

Und wie begegnet man solchen Unzulänglichkeiten des Lebens? Häufig läßt sich mit einer beherzten Gegenwehr erreichen, daß der Täter den Kürzeren zieht.

Die Geschädigte teilte mit, sie habe an dem extrem warmen Tag leicht bekleidet (Slip und BH) auf der Terrasse ihrer im Erdgeschoß liegenden Wohnung in einem Stuhl gesessen.
Nun betrat der Beschuldigte, durch einen Garten kommend und über einen Zaun steigend, das Grundstück. Er war stark angetrunken und hatte sich in die Hosen gemacht.
Er griff der in Richtung Wohnzimmereingang gehenden Geschädigten von hinten in den BH und zerriß diesen. Er folgte der Geschädigten in die Wohnung. Sie setzte sich gegen seine rüden Annäherungsversuche zur Wehr, indem sie ihm links und rechts je eine Ohrfeige gab und in das Geschlechtsteil trat. Der Beschuldigte ließ daraufhin von ihr ab und verrichtete seine kleine Notdurft in eine Ecke des Flures.

Dieser Täter mußte also klein beigeben.

Gleich einem Puzzle setzen sich ärztliche Diagnosen oft aus einer Reihe von Einzelerkenntnissen zusammen, eine Betrachtungsweise, die zuweilen auch Patienten eigen ist.
Aus einer Strafanzeige:

Meinen Tod mußte ich mir in Einzelteilen mit Hilfe von hervorragenden Ärzten selbst suchen.

Andere machen bessere Erfahrungen mit Medizinern, mag zuvor auch mit dem Tabu gebrochen worden sein, wonach Menschen nicht geklont werden sollten.
Anwaltlicher Vortrag:

Richtig ist, daß die Klägerin offenbar beschwerdefrei ein Jahr mit dem vom Beklagten hergestellten Zahnarzt gelebt hat. Richtig ist auch, daß der Zahnersatz aus allergologischen Gründen auf Titan basiert.

Ein Mann hatte eine Frau angerufen und sich als Doktor und Arzt ausgegeben. Unter dem Vorwand, einen angeblich festgestellten Lungentumor auf Gut- oder Bösartigkeit überprüfen zu wollen, brachte er sie dazu, sich am Telefon gewissen „Tests" zu unterziehen. Dabei ging es um den Zusammenhang zwischen sexueller Erregung und besserer Durchblutung.
Damit nicht genug, erschien der Mann anschließend in der Wohnung der Frau, wo es zu bestimmten Manipulationen kam und der Täter sich schließlich sogar oral bedienen ließ. All dies tat die Anzeigeerstatterin gleichsam völlig unbesehen, hatte sie doch penibel die Telefonanweisung befolgt, während der Aktion einen Schal vor die Augen zu binden. Und so war sie, quasi blind, zur Tür getappt, hatte den Täter in die Wohnung gelassen und später, inzwischen nur noch mit dem Schal bekleidet, dort auch wieder verabschiedet. Zu einer Personenbeschreibung sah sie sich deshalb nicht einmal ansatzweise in der Lage.
Trotzdem beruhigt an dem Fall die Erkenntnis, wie rasch sich doch bei Gefahr Argwohn und schützendes Mißtrauen einzustellen pflegen, wozu es offensichtlich nicht viel bedarf. Es reicht nämlich aus, daß nur etwas aus dem Rahmen gewohnter Vorstellungen fällt.

An der Echtheit dieses Arztes habe ich erst gezweifelt, als er sich in einem weiteren Telefongespräch nach seinem Besuch bei mir mit „Schönen Dank" verabschiedete, denn ein Arzt bedankt sich nicht.

Regt sich Argwohn indes zu früh, hat man womöglich später Scherereien.

Mir wurde mitgeteilt, daß gegen mich wegen falscher Verdächtigung ermittelt wird. Ich möchte zunächst einmal erklären, daß diese gegen mich erhobene Anschuldigung stimmt.
Ich hatte Anzeige gegen Grauknecht und Schwertheim wegen Vergewaltigung erstattet. Damals wußte ich aber nicht, was eine Vergewaltigung genau ist. Ich habe gedacht, daß der Geschlechtsverkehr mit einer fremden Person Vergewaltigung ist. Aber so ganz sicher bin ich mir da nicht. Und weiterhin muß ich damit nicht einverstanden sein.
Aber nun weiß ich, was eine Vergewaltigung ist. Der Herr Grauknecht kam am Sonntag und hat es mir erklärt. Er erzählte mir und meinem Freund, daß eine Vergewaltigung nur in dem Fall vorliegt, wenn die vergewaltigte Frau blaue Flecken an den Armen hat. Da ich keine blauen Flecken an den Armen hatte, kann es auch keine Vergewaltigung gewesen sein. Das sagte auch mein Freund.

Jeder hat den Punkt, an dem er beginnt, käuflich zu werden. So lautet das Credo der Korruption. Es ist geradezu erschreckend, wie offen und selbstverständlich heutzutage schon darüber gesprochen wird.
Aus dem Schriftsatz eines Rechtsanwalts in einer Zivilsache:

Der Kläger hat im Termin ein Sachverständigengutachten überreicht.
In dem Gutachten sind zur Begründung der angeblichen Mängel Fundstellen angegeben worden.
Der Beklagte bemüht sich, die den Fundstellen zu Grunde liegenden Verfasser bzw. Bücher käuflich zu erwerben.

Ohne den forschenden Tatendrang des Menschen wäre Fortschritt undenkbar. Allerdings ist auch beim Ersinnen neuer Kriminalitätsformen der menschliche Geist ein ruheloser.

Im nächsten Fall war so ein Grübelkopf, den wir hier Meier nennen wollen, der originellen Idee verfallen, zahllose Briefe – unter anderem an Stadtwerke – zu versenden, Schreiben, die mit diesem Briefkopf gekrönt waren:

Meier & Partner

WIRTSCHAFTSDIENSTE

Mitten auf der Seite prangte dann folgender Text:

Ihre Rechnung

1. Finanzierungsrate	798,20 DM
+ 16 % MwSt	127,71 DM
Gesamtbetrag	925,91 DM

Den Betrag von 925,91 DM bitten wir rechtzeitig zu begleichen.

Neben einer Adresse der Wirtschaftsdienste, der Angabe, daß Herr Meier ihr Geschäftsführer sei, der Nennung von Erfüllungsort, Sitz und Gerichtsstand sowie einer konkreten Buchungsnummer, eines Rechnungsmonats und schließlich einer Bankverbindung fand sich dann noch dieser Text:

Rechtshinweise:

Durch die Begleichung des oben gesondert aufgeführten Betrages (es handelt sich nicht um eine Rechnung, sondern um eine Bitte) tragen Sie lediglich zum Lebensunterhalt des Herrn Meier bei und erhalten keinerlei Leistungen. Allerdings haben Sie das Recht, sich telefonisch in der Zeit von 13.00–14.00 Uhr nach dem Wohlbefinden des Herrn Meier zu erkundigen. Weiter weise ich Sie darauf hin, daß eine Zahlung des oben genannten Betrages nicht als Spende abgesetzt, wohl aber als Geschäftsausgabe steuerlich geltend gemacht werden kann. Eine Rückzahlung kann nicht erfolgen. Der Wohltäter verpflichtet sich bei Zahlung, die Bestimmungen des in der Bundesrepublik Deutschland geltenden Datenschutzgesetzes einzuhalten und erkennt die hier aufgeführten Rechtshinweise und Bedingungen an.

Herr Meier hegte also zweierlei Hoffnungen. Zum einen natürlich, daß man das Kleingedruckte gar nicht erst lesen, sondern zahlen werde, zum anderen aber auch, daß ihn der Zusatz im Falle einer Betrugsanzeige retten möge.

Die für einen Tatnachweis erforderliche Beweisführung stellt sich der betroffene Bürger manchmal erstaunlich einfach vor.

Gegen 08.30 Uhr erschien der Anzeigende in der hiesigen Dienststelle und teilte mit, daß sein Portemonnaie aus seiner unverschlossenen Wohnung entwendet worden sei. Näher befragt gab er an, zur Tatzeit in seiner Wohnung geschlafen zu haben. Kurz nachdem er aufwachte, stellte er den Verlust seiner vorher auf dem Tisch abgelegten Geldbörse mit 350,– DM Bargeld fest.
Er sei daraufhin aus dem Haus gegangen und hätte sich umgesehen. Dabei sei ihm aufgefallen, daß neben seinem Briefkasten eine noch zu drei Viertel gefüllte Karlsquell Bierdose stand, ein Bier, welches auch von dem Beschuldigten getrunken würde. Er schloß daraus, daß dieser seine Wohnung in großer Eile verlassen haben müßte, da in seinen Kreisen niemand eine ¾ gefüllte Bierdose stehen lassen würde.
Ein weiteres Indiz für die Täterschaft des Beschuldigten sähe er darin, daß dieser bei auf den Tattag folgenden gemeinsamen Trinkgelagen diverse Mengen Alkoholika dabei gehabt hätte, die er sich sonst nicht leisten könnte. Weiter wäre er, wenn die Sprache auf den Diebstahl gekommen sei, immer kleinlaut geworden und hätte ihn nicht mehr ansehen können.

Besagte Biersorte wurde übrigens einmal in einer Hauptverhandlung von einem Angeklagten als „Aldis Rache" bezeichnet.

Ein Mann war in den Verdacht geraten, in einem Wohnhaus einen Keller aufgebrochen und daraus einige Konservendosen und Eingemachtes entwendet zu haben.
An sich nichts Ungewöhnliches also, doch muten die Begleitumstände dieses Falles etwas frivol an.
Zunächst war unser Beschuldigter auf die Idee gekommen, gemeinsam mit einem Kumpel namens Falko vormittags eine Frau aufzusuchen, die er zwei Tage zuvor bei einem Glase Bier kennengelernt hatte.

Wir trafen die Frau auch an, und sie ließ uns in ihre Wohnung hinein. Ich hatte eine Flasche Wodka für uns drei zum Trinken mitgebracht. Im Verlauf des Tages ist es nach Absprache zwischen uns dreien zum Geschlechtsverkehr gekommen.

Dabei waren die Herren sich sozusagen jeder selbst der Nächste. Aber auch das schönste Vergnügen endet zuweilen abrupt.

Ich führte mit ihr gerade wieder den GV aus, als jemand an die Schlafzimmertür klopfte. Ich rief nur: „Falko, komm rein!" Es war aber nicht Falko, es war ein Polizeibeamter.

Die Polizei, die hier soeben unseren Beschuldigten aus dem Verkehr zog, war von einem besorgten Hausbewohner alarmiert worden, der verdächtige Geräusche im Keller gehört hatte.
Dazu – und übrigens auch zum Souvenir dieses denkwürdigen Tages – der Beschuldigte weiter:

Nach dem ersten Geschlechtsverkehr mußte ich die Toilette aufsuchen. Die Frau sagte, daß diese im Keller wäre. Dort habe sie auch ihr Bad. Ich habe die Toilette aber nicht gefunden und einfach in die Badewanne hineinmacht.
Wenn mir jetzt vorgehalten wird, daß ich vermutlich an einer Maschendrahttür im Keller gerüttelt habe, so kann ich mich daran erinnern, daß ich es nicht getan habe.

Ob der Falko einmal in den Keller gegangen ist und dort evtl.
Konservendosen rausgeholt hat, weiß ich nicht.
Ich jedenfalls habe keinen Keller aufgebrochen und auch keine
Konserven oder Eingemachtes herausgeholt.
Das einzige, was ich mir von ihr geholt habe, ist ein Tripper. Ich
habe aber zwischenzeitlich schon einen Arzt aufgesucht.